KB249175

환경규제강화와 경쟁력

환경규제강화와 경쟁력

조 주 현 著

한국학술정보(주)

하늘나라에 계신 부모님께

서 문

환경규제(environmental regulation)와 경쟁력 간의 관계에 대한 논의는 상반된 두 가지 관점에서 설명할 수 있다. 첫째, 전통적인 이론으로 환경규제강화(environmental regulation implementation)는 기업에게 많은 비용을 부과하여 이로 인해 기업의 생산성 감소를 초래해 국제시장에서 경쟁력을 약화시킨다는 것이다. 경쟁력 약화는 단기적으로 수출의 감소, 수입의 증대를 가져오며 장기적으로는 환경규제의 강화로 오염집약산업이 해외로 이주하고 국내로 유입되는 투자가 감소한다는 것이다.

둘째, 최근에 대두되는 이론으로 미국의 경영학자인 Michael Porter를 중심으로 환경규제와 경쟁력에 대해서 전통적인 관점보다 관대한 자세를 취하는 수정론자(revisionist)들은 환경규제의 강화가 경쟁력에 긍정적인 영향을 준다고 보고 있다. 즉 환경규제의 강화는 오염방지를 위한 기술혁신을 촉진시켜 생산비용을 감소시키고 그 결과 경쟁력이 향상되며, 장기적으로 환경을 개선시켜 자원의 생산성과 고용 및 경쟁력을 향상시킬 수 있다는 윈-윈(win-win) 가설을 주장하고 있다.

이러한 환경규제강화와 경쟁력 간의 상관관계를 규명하기 위한 연구가 많이 이루어져 왔다. 특히 환경규제강화가 경쟁력에 부정적인 영향을 초래할 수 있다는 연구가 많은 부분을 차지하고 있다. 그러나 환경규제강화가 경쟁력에 부정적인 영향을 줄 수 있다는 분명한 증거는 찾지 못하고 있다. 즉 환경규제강화가 생산성, 순수출, 투자, 공장위치 결정 등에 미치는 영향의 정도는 미약하거나 통계적으로 유의하지 않게 나타나고 있다.

한편 환경규제강화가 경쟁력에 긍정적인 영향을 줄 수 있다는 이론은 전통적인 이론과 비교하여 최근에 대두되고 있는 이론으로서 아직까지 분명하게 이론적으로 정립되어 있지 않고 있으며 실증분석에 대한 연구결과가 많지 않으나, 최근에 이에 대한 많은 연구가 진행되고 있다.

국내에서의 환경규제강화와 경쟁력에 대한 연구는 대부분 경쟁력에 부정적인 영향을 준다는 주장이 많다. 또한 대외의존도가 높은 경제체제를 가지고 있는 우리나라는 환경규제강화가 경쟁력을 약화시킬 수 있다는 주장이 지배적이다. 그러나 경제성장은 삶의 질(quality of life) 향상에 공헌하는 내용을 포함해야 한다.

이러한 측면에서 생각할 때 환경의 질(environmental quality)은 삶의 질을 정의하는 중요한 변수가 된다. 따라서 경제성장과 환경규제에 대한 문제는 대립관계(trade-off)가 아닌 양립관계로 경제정책을 결정하는 것이 필요하다. 그렇지만 경제성장과 환경규제가 양립될 수 있는가에 대한 연구는 많이 이루어지지 못하고 있다. 즉 환경규제강화와 경쟁력 간의 긍정적인 영향에 대한 연구가 이루어지지 못하고 있다.

이에 본서에서는 우리나라 제조업을 대상으로 환경규제강화가 경쟁력에 긍정적인 영향을 줄 수 있는가에 대한 실증분석하고 정책적 함의를 도출하는데 있다.

본서에서는 환경규제강화가 경쟁력에 긍정적인 영향을 줄 것인가를 살펴보기 위해 환경규제강화와 생산성, 효율성, 기술혁신과의 관계에 대해 실증분석하고 있다. 이러한 실증분석을 위한 본서의 연구방향은 다음과 같다.

첫째, 환경규제강화와 생산성 분석을 직접효과와 간접효과로 나누어서 실증분석하고 있다. 생산성은 산출물과 생산요소와의 관계를 나타내는 개념으로 생산능력을 나타내는 지표로서 경제전문가나 정책입안자에 의해 중요성이 인정되고 있다. 환경규제가 생산성에 미치는 영향은 직접효과와 간접효과로 설명할 수 있다.

직접효과는 환경규제를 준수(compliance)하기 위한 기업의 오염방지시설 설치가 생산성에 주는 영향을 나타내는 것으로 오염방지시설의 비용이 증가함에 따라 생산성이 감소하게 되고 오염방지시설의 비용이 감소함에 따라 증가하게 된다. 간접효과는 기업이 환경규제를 준수하기 위해 오염방지시설을 도입하는 경우 생산적 투입요소의 수요와 투입요소의 결합에 영향을 주어 생산성의 변화를 가져오는데 생산성이 향상 될 수도 있고 생산성이 감소할 수도 있다. 즉 새로운 오염방지시설 도입으로 기존의 낡은 자본설비의 교체가 빨리 이루어져 자본설비에 대한 투자가 증가해 생산성이 향상될 수 있다.

한편 오염방지시설 도입으로 생산을 위해 투입되었던 노동과 에너지의 투입이 오염방지시설로 전환이 이루어져 생산성이 감소할 수 있다. 이러한 간접효과가 생산성 변화에 긍정적인 영향을 준다면 환경규제로 인해 기업이 효율적으로 생산활동을 한다고 생각할 수 있기 때문에 정책적으로 많은 시사점을 나타내 준다고 볼 수 있다.

둘째, 환경규제강화와 효율성 분석을 하고 있다. 효율성은 기업이 산출물을 생산하는 과정에서 투입물의 사용이나 결합이 얼마나 효과적으로 이루어지는가를 나타내는 개념이다. 환경규제로 인해 생산성에 간접적인 영향이 있음을 나타낸다면, 환경규제가 자본, 노동, 중간투입물 등과 같은 생산요소의 수요와 생산요소의 결합관계에 영향을 주고 있는 것을 의미한다. 따라서 환경규제강화가 효율성에 어떠한 영향을 주는가 하는 것에 대해서 분석한다.

셋째, 환경규제강화와 기술혁신에 대해서 분석한다. 환경규제와 생산성과 효율성 분석에서 환경규제강화가 생산성의 간접효과와 효율성에 영향을 준다면, 환경규제강화가 생산공정(production process)의 변화에 영향을 주고 있다는 것을 의미한다. 이러한 사실은 환경규제강화가 기술혁신을 유도할 수 있다는 것을 암시한다. 이러한 측면에서 환경규제강화와 기술혁신 간의 관계를 연구개발 투입과 산출을 통해서 분석하였다.

본서는 총 다섯 장으로 구성이 되어 있다. Ⅰ장에서는 환경규제와 경쟁력에 대해서 전반적으로 개관을 설명하였다. 환경규제의 유형 및 경쟁력의 개념 및 지표 등에 대한 설명이며, 환경규제와 경쟁력에 대한 기존연구들에 대한 내용을 담고 있다.

Ⅱ장의 주요 내용은 환경규제강화와 생산성에 대해서 분석이다. 생산성 개념 및 실증분석 방법에 대한 설명을 하였다. 생산성 추계를 위해 이용하고 있는 자료에 대한 설명 및 구축방법에 대해 자세하게 기술하였다. 또한 지수접근방법을 이용하여 생산성을 추계하였으며 기존의 연구결과들과 비교하여 분석하였다. 그리고 생산함수와 쌍대관계에 있는 비용함수를 이용하여 환경규제변수가 도입되었을 경우 산업별로 생산성 변화에 대한 영향을 실증분석 하는 내용을 다루고 있다.

Ⅲ장에서는 환경규제강화와 효율성에 대한 내용이다. 먼저 효율성 개념 및 추정방법에 대한 전반적으로 기술하였다. 또한 비용함수를 이용하여 효율성을 추계하였으며, 환경규제변수가 도입되었을 경우 효율성 변화에 어떻게 영향을 주는가를 실증분석 하는 것을 내용으로 하고 있다.

Ⅳ장은 환경규제강화와 기술혁신에 대한 실증분석에 대한 내용이다. 기술혁신 과정에 대해 전반적으로 설명하였으며, 기술혁신의 투입지표와 산출지표 등에 대한 내용을 기술하였다. 또한 환경규제변수가 도입되었을 경우 기술혁신과의 영향에 대해 실증분석 하였으며, 실증분석 결과에 대한 내용에 대한 담고 있다.

Ⅴ장은 결론 부분으로 환경규제의 생산성, 효율성, 기술혁신에 대한 실증분석 결과에 대한 정책적인 시사점을 기술하였다.

책을 출간하기 까지 도와주신 많은 분들께 감사의 마음을 전하지 않을 수 없다. 특히 은사님이신 곽상경 교수님, 연구의 전체적인 틀을 잡아주신 고려대학교 곽승준 교수님께 감사드린다. 그리고 실증분석을 하는데 많은 도움을 주신 한국항공대학교 이영수 교수님께 감사드린다. 또한 책을 출간하는데 많은 도움을 주신 한국학술정보(주)의 권현옥 팀장과 편집하는데 고생하신 편집팀에게 감사드린다. 끝으로 출간하기까지 많은 도움을 주신 한국토지공사 임·직원 분들께 감사드린다.

목 차

표 목차

그림 목차

I. 환경규제와 경쟁력 개관

1. 경쟁력의 개념 및 지표

경쟁력에 대한 개념은 기업, 산업, 국가 등 여러 상이한 수준에서 사용되고 있다. 일반적으로 경쟁력은 국가들 간에 부존자원이나 기술수준 차이 등에 의해서 결정되는 교역조건으로서 비교우위를 나타내는 국제경쟁력을 의미한다. 이에 반해 국가경쟁력은 경쟁적 상태에 있는 세계의 다른 국가들에 대하여 얼마만큼 전략적, 경제적, 사회적, 복지적 절대우위를 갖고 있는가를 나타내는 지표로[1] 많은 국가가 자국의 경제를 평가하는 데 있어 국가수준에서의 경쟁력 개념을 도입함에 따라 특정 국가들의 경쟁력문제에 관한 분석이 활발히 이루어져 왔다.[2]

그러나 Krugman(1994)은 경쟁력이란 개념이 기업경쟁력이라는 말에는 실체가 있을지 몰라도 국가경쟁력이란 말에는 실체가 없을 뿐만 아니라, 국가경쟁력은 의미가 없는 개념이라고 주장하고 있다. 한편 Porter(1990)는 국가경쟁력의 실체를 국민생활수준을 향상시킬 수 있는 경제적 능력 즉 국가생산성으로 파악하고 국가경쟁력은 생산효율성(경쟁사보다 저렴한 가격), 가격차별화 능력·제품의 풀질고급화를 통한 프리미엄 가격의 설정능력, 혁신을 유발하는 동태적 효율성의 기업 혹은 산업의 생산성 우위에 의해서 결정된다고 보고 있다. 따라서 국가경쟁력에 대한 개념은 너무 포괄적이고 대상에 따라 다르게 정의될 수 있는 개념이며 객관적으로 정확하게 측

---

1) 김정민·전영서(2001).
2) 예를 들면, 국제경영개발원(International Management Development, IMD)과 세계경제포럼(World Economic Forum, WEE)은 매년 주요 국가의 국가경쟁력지수를 발표하고 있다.

정하기 어렵기 때문에 본서에서는 경쟁력의 개념을 기업 혹은 산업경쟁력을 의미한다.

일반적으로 기업의 수출경쟁력은 가격경쟁력과 비가격경쟁력 모두를 포함하고 있다. 가격경쟁력은 생산비, 환율, 수입국의 관세정책과 마케팅 능력에 결정되는 시장접근비용, 정부의 수출가격정책 등에 의해서 결정된다. 이 중에서 생산비는 생산요소의 가격과 조세제도, 환경규제비용 등에 의해서 결정된다. 비가격경쟁력은 기업의 상품차별화(product differentiation) 능력에 좌우된다고 할 수 있다. 상품차별화는 수직적 상품차별화와 수평적 상품차별화로 나누어지는데 수직적 상품차별화는 제품의 다양성, 수평적 상품차별화는 상품의 품질을 의미한다.

따라서 상품차별화는 상품개발을 위해 지속적으로 혁신할 수 있는 능력과 기업이 다양한 시장수요에 얼마나 잘 적응할 수 있는가에 좌우된다고 할 수 있다. 환경규제와 기업의 경쟁력의 문제를 파악하기 위해서는 환경규제와 기업경쟁력을 결정하는 여러 요인들과의 관계를 고려하면 알 수 있다. 즉 국내 혹은 국제의 환경규제의 강화는 환경규제비용, 시장접근비용 등을 높일 수 있고 비가격경쟁요소로서 환경 라벨링이나 녹색 소비주의에 의한 품질 경쟁이 치열해 갈 수 있다.[3]

환경규제와 경쟁력의 문제를 고려하기 위해서는 경쟁력에 대한 지표를 설정하는 것이 필요하다. 가장 바람직한 환경규제와 경쟁력에 대한 지표는 환경규제가 경쟁력에 주는 요인들을 모두 고려하는 것이다. 그러나 경쟁력에 영향을 주는 요인들을 모두 고려하여 경쟁력을 파악하는 것은 불가능할 뿐만 아니라 모든 요인들을 파악하여 분석할지라도 분석결과가 불확실하기 때문이다.[4]

이에 대한 차선의 지표로 다음과 같은 세 가지 범주로 구분하여 설명

---

3) 유상희(1997) 참조.
4) Jaffe *et al.*(1995) 참조.

할 수 있다. 첫째, 환경규제로 인한 무역수지 및 무역패턴의 변화를 살펴봄으로써 알 수 있다. 즉 상대적으로 강한 환경규제를 받는 상품의 순수출과 상대적으로 약한 환경규제를 받는 상품의 순수출의 변화를 비교하여 환경규제가 경쟁력에 주는 영향을 살펴볼 수 있다. 또한 환경규제를 강하게 받는 상품(주로 오염집약산업)이 환경규제가 상대적으로 약한 국가의 상품과 비교하여 시장점유율이 낮아지게 될 수 있는데 이러한 무역패턴의 추이를 통해서 환경규제와 경쟁력의 영향을 살펴볼 수 있다.

둘째, 환경규제강화는 기업의 해외투자 결정 및 산업이주(industrial migration)에 영향을 줄 수 있다. 즉 국내의 환경규제강화로 기업들은 국내에 투자를 꺼리게 되고 상대적으로 환경규제의 정도가 약한 국가에 투자하는 것을 선호한다. 이러한 경우 환경규제강화와 해외직접투자(foreign direct investment)의 관계를 분석하여 환경규제와 경쟁력과의 관계를 살펴볼 수 있다. 또한 환경규제강화로 공장의 위치를 상대적으로 환경규제의 정도가 약한 국가 혹은 지역으로 이동시킬 수 있어 환경규제강화와 공장위치 문제를 분석하여 환경규제강화와 경쟁력의 관계를 나타낼 수 있다.

셋째, 일반균형적(general equilibrium) 분석방법으로 환경규제비용과 생산성, 투자, 환경규제에 따른 사회적 비용과의 관계를 고려하여 환경규제와 경쟁력의 관계를 살펴볼 수 있다. 이러한 경우 환경규제강화에 대한 부정적·긍정적인 영향을 동시에 분석할 수 있다.

환경규제강화에 대해 전통적으로 갖고 있는 부정적인 생각은 환경규제강화가 기업에게 상당한 오염방지지출비용을 부과하여 기업의 생산성 감소를 초래하여 국제시장에서 경쟁력을 약화시킨다는 것이다. 경쟁력 약화는 단기적으로 순수출의 감소를 가져오며 장기적인 관점에서는 오염집약산업의 생산능력이 환경규제가 약한 국가로 이동한다는 것이다.

이에 반해 Porter(1991, 1995)를 중심으로 환경규제와 경쟁력에 대해서 전통적인 관점보다 관대한 자세를 취하는 수정론자(revisionist)들은 환경규제강화가 경쟁력에 긍정적인 영향을 준다고 주장한다. 즉 환경규제강화는 오염방지를 위한 기술혁신을 촉진시켜 생산비용을 감소시키고 그 결과 경쟁력이 향상되어 장기적으로 환경을 개선시킬 뿐만 아니라 자원의 생산성과 고용 및 경쟁력을 향상시킬 수 있다는 윈-윈(win-win) 가설을 주장하고 있다.

이렇게 환경규제강화에 대한 부정적·긍정적 영향을 동시에 고려하는 경우 생산성 분석뿐만 아니라 장기적인 관점에서 환경규제강화가 경쟁력에 어떠한 영향을 줄 수 있는가 하는 문제를 설명할 수 있다.

그러나 이러한 일반균형적 분석방법은 환경규제강화에 대한 경제적 조정과정이 매우 복잡하고 경쟁력이란 복잡한 개념들 때문에 환경규제강화가 경쟁력에 주는 영향을 단순하게 수량화하여 설명하는 것은 의미가 없을 수 있는 문제점이 있다.

2. 환경규제 수단

환경오염방지를 위한 환경규제는 환경오염으로 인한 외부불경제 문제를 정부가 개입하여 내부화(internalization)하여 자원을 효율적으로 배분하는데 그 목적이 있다. 환경오염의 외부불경제 문제를 내부화시키는 환경규제 수단으로는 크게 직접규제와 간접규제 방법인 경제적 유인수단(market-based incentive)이 있다.

직접규제는 기업이나 개인이 지켜야 하는 규칙을 법으로 제정해 놓고 이를 위반하는 경우 행정상의 강제조치나 형법상의 제재를 가하는 방법이다. 직접규제는 시행방법이 비교적 단순하고 효과가 신속하게 나타나기 때문에 환경목표를 달성하기 위한 수단으로 많은 국가에서 비교적 보편적으로 많이 사용되고 있다. 직접규제는 오염배출시설에 대한 규제와 오염배출시설에서 나오는 오염물질 자체에 대한 규제하는 방법으로 나눌 수 있다. 오염배출시설에 대한 규제는 배출시설에서 나오는 오염물질이 환경기준을 저해한다고 판단될 때 오염방지시설의 설치 및 운용을 법으로 강제하는 방법이다. 오염물질 자체에 대한 규제는 정부에서 환경기준을 정하고 이 기준을 달성하기 위해서 오염물질을 배출하는 개인이나 기업들이 준수해야 할 배출기준을 설정한 후 오염자들이 배출기준을 준수하도록 강제하는 방범이다.

경제적 유인수단은 시장기구(market mechanism)를 통해 적정오염물질의 배출을 유인하는 것으로 오염저감에 대한 경제적 유인(economic incentive)을 제공하여 환경목표를 달성하고자 하는 정책수단이다. 즉 환경오염에 대한 외부비용을 내부화하여 효율적인 자원배분을 달성하고자 하는 것으로 환경오염에 대한 외부불경제 문제에 대해 피구세(Pigouvian tax)를 부과하여 효율적인 자원분배를 달성하고자 하는데 그 이론적인 기초를 두고 있다.

환경규제 수단의 종류를 나타내면 〈표 Ⅰ-1〉과 같다. 이러한 환경규제의 수단은 각각 다른 목적과 이유에서 선택되며[5], 환경규제 수단들이 독립적으로 시행되기보다 상호 수정·보완되는 것이 일반적이다.[6] 또한 기존의 연구결과에 의하면 직접적인 환경규제보다 경제적 유인에 의한 환경규제가 산업경쟁력에 부정적인 영향이 작은 것으로 나타나고 있다.

이것은 경제적 유인에 의한 규제수단이 시장기능에 기초한 것이기 때

---

5) 예를 들어 자발적 접근은 산업의 불확실성을 줄이고 환경규제를 준수하는 것을 제고시키는 기능을 하며, 환경라벨링은 소비자에게 환경정보를 제공해 주는 것이라고 볼 수 있다.
6) 1990년 이전의 국내외 주요 환경규제수단은 지시 및 통제 등의 직접규제에 초점을 맞추어 왔으나, 1990년대 이후부터는 지속가능한 개발, 지구 기후변화 같은 환경문제를 효율적으로 해결하기 위해 직접적 규제수단 외에 여러 경제적 유인수단이 도입되었다.

문에 직접규제보다 환경규제를 준수하는 기업에게 선택의 폭이 커져 그
에 따른 경제적 부담을 절약할 수 있기 때문이다. 또한 기업으로 하여금
오염을 줄일 수 있는 기술을 개발하는 유인이 직접규제 방식보다 시장유
인에 기초한 규제수단이 더 효율적인 것으로 나타나고 있다.[7]

3. 환경규제 비용[8]

환경정책과 경쟁력의 관계를 규명하는 데 중요한 요인으로 환경규제
비용을 생각할 수 있다. 즉 환경규제강화가 기업으로 하여금 높은 환경
규제비용을 지불하게 함으로써 기업의 경쟁력을 약화시킨다는 것이다.

환경규제비용[9]은 환경규제에 따른 직접비용과 간접비용으로 나누어서
설명할 수 있다. 직접비용으로는 첫째, 환경규제를 수행하는 행정비용으로
정부의 환경규제의 법과 규제를 수행하고 이를 감시 감독하는 비용이다.
둘째, 기업이 정부가 정한 환경규제를 준수하기 위해 최종처리시설
(end-of-pipe)에 대한 오염방지시설 설치비용과 오염방지시설의 운전비용

---

7) 이에 대한 연구는 Downing and White(1986), Marin(1991), Milliman and Prince
(1989, 1992) 등이 있다. 이들 연구는 경제적 유인에 기초한 환경규제 수단이 지시
및 통제(command and control)에 의한 수단보다 연구개발투자에 대한 유인이 높다
고 밝히고 있다. 한편 Malueg(1989)는 기업이 새로운 오염방지에 대한 기술개발을
전후로 하여 배출권거래제 시장에서 차지하는 위치 즉 수요자냐 공급자냐에 따라 배
출권거래제(emission trading programs)가 지시 및 통제에 의한 수단보다 연구개발
투자의 유인이 줄어들 수도 있고 증가할 수도 있다고 주장하고 있다. 또한 기업들 간
에 나타날 수 있는 시장실패 문제를 고려하여 분석하고 있다. 이에 대해 Parry(1995),
Hackett(1995)는 연구개발투자에 참여하고 있는 기업들 간의 관계를 분석하고, 이에
따라 나타날 수 있는 시장실패 문제를 동태적인 측면에서 분석하고 있다. 또한
Parry(1998), Parry et al.(1999, 2000)은 서로 다른 환경규제의 수단에서 유인된 환
경기술 개발을 위한 연구개발투자의 후생효과를 분석하고 있다.
8) Jaffe et al.(1995), 유상희(1997) 참조.
9) 환경규제비용은 개념적으로 환경규제와 환경규제에 따른 상품가격과 소득의 변
화로 인한 소비자잉여(consumer's surplus)와 생산자잉여(producer's surplus)의
변화로 정의된다(Cropper and Oates, 1992).

(operation cost)으로 공해방지 및 저감을 위한 사후적 비용이다.

〈표 I-1〉 환경정책 수단의 종류

구 분	예
지시 및 통제 (command and control)	면허, 허가 환경기준 배출기준 공정기준 제품기준
경제적 수단 (economic instrument)	부과금 조세 배출권거래제 보조금 예치금 및 상환제도
의무, 손해배상 (liability, damage, compensation)	엄격한 의무규칙 보상기금 강제오염보염
교육 및 정보제공 (education-information)	정보캠페인 기술정보확산 환경교육 제품라벨링 환경회계 및 보고 환경지표 환경감사 우수환경 경영사례에 대한 보고
자발적 접근 (voluntary agreement)	환경목표에 의한 자발적 접근 환경정책수단에 의한 자발적 접근
계획(planning)	지역화(zoning) 토지이용(land use)

자료: OECD, ENV/EPOC/GEEI(95), 유상희(1997) p.12에서 재인용.

셋째, 생산공정을 청정기술로 개선하여 사전적으로 공해배출을 저감하는데 드는 비용이다. 넷째, 기타 다른 직접비용으로 환경규제의 법 제정에 대한 거래비용(transaction cost)과 환경규제로 인한 기업 경영자의 경영관심의 변화에 대한 영향, 환경규제로 인한 불량품생산의 가능성 등에 대한 비용이다.

간접비용으로는 첫째, 환경규제강화로 대기질과 수질이 개선되어 근로자의 건강호전에 따른 편익과 생산성 향상, 환경기술에 대한 기술혁신의 촉진 등에 대한 음의 비용(negative costs)이다. 둘째, 환경규제강화로 인한 상품의 대체,[10] 투자 유인의 감소, 이에 따른 기술혁신의 지연 등에 대한 비용을 생각할 수 있다. 셋째, 환경규제가 현실경제에 접목되는 과정에서 생기는 이전비용(transition costs)으로 실업과 자본의 침식에 따른 비용이다. 넷째, 환경규제의 사회적 영향으로서, 환경규제로 인한 경제안전망(economic security system)의 영향에 대한 비용이다.

그런데 일반적으로 직접비용이나 간접비용 중에서 최종처리시설과 관련한 비용을 제외한 직접비용과 간접비용은 측정이 어렵기 때문에 최종처리시설과 관련된 직접비용만을 실질적인 환경규제비용으로 간주하고 있다. 예를 들어 미국 상무성이 매년 발표하는 환경오염방지지출(pollution abatement and control expenditure, PACE) 통계도 이러한 측정 가능한 직접비용만 계상하고 있다.

그러나 환경정책을 시행하는 데 가장 큰 장애요인이 되는 것은 이러한 환경오염방지지출뿐만 아니라 직간접으로 기업 및 산업이 지불해야 하는 조정비용이라고 할 수 있다. 실제로는 이들 비용이 크지 않은 경우에도 불구하고 이들 비용수준 자체와 이들이 경제에 미치는 영향에 대한 불확실성 때문에 산업계의 우려와 반발이 커진다고 할 수 있다.[11]

---

10) 환경규제강화로 인한 생산비의 증가로 기업들은 환경규제의 정도가 낮은 산업의 상품을 생산하려고 한다.
11) 유상희(1997) 참조.

우리나라에서는 환경오염방지지출 추계는 1995년부터 환경경제통합계정 (system for integrated environmental and economic accounting, SEEA)[12] 을 위한 기초통계 작업의 일환으로 한국은행에서 실시하고 있다.[13] 추계방법은 조사대상부문을 경제주체별(정부, 가계, 기업)로 나누어 경상가격기준으로 추계하되 표본조사를 원칙으로 하고 있다. 먼저 정부부문은 정부의 예·결산서 중에서 환경오염방지활동과 관련된 항목을 구분하여 결산기준으로 추계하고 있으며, 조사 대상기관 중에서 중앙정부와 서울특별시, 5개 광역시 및 도는 전수조사하고 시·군·구 등 기초자치단체는 표본조사를 하고 있다.

다음으로 기업부문은 모든 산업을 표본조사 하는 것을 원칙으로 하지만 재배업, 수렵업, 금융·보험·부동산업 등 업종상 표본조사에 맞지 않는 산업은 관련 통계를 이용하여 추계를 한다. 표본업체는 매출액이 일정규모 이상이거나 매출액 상위 5위 이내의 업체는 전수조사하고 나머지 업체에 대해서는 표본을 추출하는 방법을 취한다.

일반기업과는 달리 환경전문업체에 대해서는 환경부 등록업체 자료를 이용하여 전수조사하고 있다. 또한 가계부문은 OECD의 권고에 따라 자동차 대기오염방지장치(catalytic converter) 및 정화조만을 대상으로 판매량 및 가격통계를 이용하여 추계하고 있다.[14] 한국은행에서 작성한 환경오염방지지출 통계를 중심으로 우리나라의 환경오염방지지출 추이를 살펴보면

---

12) 또한 1996년부터 SEEA보다 발전시켜 개발한 환경보호지출계정(environmental protection expenditure account, EPEA)을 시범 편제하고 있다. EPEA는 환경오염방지지출의 지출 측면뿐만 아니라 폐기물 수집·처리활동, 생활하수·폐수 정화활동 등 환경보호서비스의 생산액도 동시에 추계하여 생산비구조(인건비, 감가상각비 등)등을 파악할 수 있도록 하고 있다(한국은행, 조사통계월보, 1997).

13) 이외에 한국산업은행과 상공회의소에서 기업부문에 대한 환경오염방지투자와 환경오염방지지출 통계를 작성하고 있다. 한국산업은행의 경우 1982년부터 15개 산업을 대상으로 환경오염방지투자를 추계하고 있으며, 상공회의소에서는 1992년부터 13개 산업을 대상으로 환경오염방지지출을 추계하고 있다.

14) 한국은행, 조사통계월보(1996).

다음과 같다.

〈표 Ⅰ-2〉는 환경오염방지지출의 주요 국가의 GDP에 대한 비율을 제시하고 있다. 오염방지지출 통계는 국가별로 편제기준이 달라 일률적으로 비교하기 어렵지만 선진국 기준에 맞추어 조정해 볼 경우, 우리나라의 환경오염방지지출 수준은 미국, 독일, 일본 등과 같은 선진국과 비교하여 낮은 수준임을 알 수 있다.

〈표 Ⅰ-2〉 주요 국가의 환경오염방지지출의 대GDP비중[1]

(단위: %)

		선진국						한 국[2]			
		1975	1980	1985	1990	1993	1994	1996	1997	1998	1999	2000p
미 국	1.74	1.82	1.71	1.65	1.71	1.75	1.70	1.84	1.62	1.65	1.53
독 일	1.32	1.39	1.46	1.58	1.65[3]	1.65[3]	1.30	1.39	1.25	1.31	1.21
일 본	0.96	1.59	1.16	0.96	-	-	0.80	0.95	0.90	0.91	0.80

자료: 한국은행, 조사통계월보, 보도 자료.
　주: 1) 각국의 포괄범위 차이로 단순비교는 어려움.
　　　미국: 정부, 기업(금융보험부동산, 개인서비스업 제외), 가계 포함.
　　　독일: 정부(하수도배관시설 제외), 기업(광공업, 전기가스수도업, 건설업 포함), 가계 제외.
　　　일본: 정부부문만 포함.
　　2) 비교대상국가 기준으로 조정한 수치임.
　　3) 1992년 수치임.

〈표 Ⅱ-3〉은 우리나라의 환경오염방지지출 추이를 나타내고 있다. 환경오염방지지출은 연평균 10% 이상을 초과하여 증가하는 것으로 나타나고 있으며, GDP에서 차지하는 비중은 평균적으로 약 1.7%인 것으로 나타나고 있다. 다만 1998년에 증가율이 감소한 것은 외환·금융위기로 지출규모가 축소되었기 때문이고, 2000년에 증가율이 감소한 것은 기업부문 전기가스수도업의 탈황시설투자가 1999년에 대부분 완료되어 이 부문에 있어 2000년에 환경시설투자가 대폭 감소되었기 때문이다.

지출주체별로는 1996년까지는 정부와 기업이 거의 비슷한 비율을 점하고 있으나 1997년 이후에는 정부부문의 환경오염방지지출 규모가 제일 큰 것으로 나타나고 있다. 그 다음으로 기업이고 가계부문이 제일 작은 규모를 차지하는 것으로 나타나고 있다. 한편 지출형태별로는 환경시설 투자지출과 환경시설 유지운영과 관련된 경상지출은 거의 비슷한 지출규모를 보이고 있으나, 2000년에 다른 연도와 비교하여 차이가 나는 것은 정부 및 기업부문에서 환경시설 투자지출이 줄어든 것에 기인한다.

〈표 I-3〉 환경오염방지지출 추이

(단위: 억 원, %)

	1992	1993	1994	1995	1996	1997	1998	1999	2000p
환경오염 방지지출	39,436	46,084 (10.2)	53,516 (16.1)	63,061 (17.8)	72,394 (14.8)	84,206 (16.3)	72,642 (-13.7)	80,231 (10.7)	79,690 (-0.7)
대GDP비율	1.64	1.72	1.75	1.79	1.73	1.86	1.64	1.66	1.54
지출주체별									
정 부	19,107	21,899 (13.8)	24,988 (14.1)	29,283 (17.2)	33,669 (15.0)	43,271 (28.5)	40,327 (-6.8)	43,806 (8.6)	41,588 (-5.1)
기 업	17,651	21,455 (4.1)	24,796 (19.0)	28,912 (16.6)	33,290 (12.2)	35,219 (5.8)	28,833 (-18.1)	32,949 (15.1)	34,732 (5.4)
가 계	2,678	2,740 (25)	3,732 (11.5)	4,866 (30.4)	5,432 (11.6)	5,716 (5.2)	3,482 (-39.1)	3,476 (-1.0)	3,370 (-3.0)
지출형태별									
투자지출		21,384 (6.1)	25,956 (17.5)	30,553 (17.7)	34,383 (12.5)	42,448 (21.0)	33,537 (-21.0)	3,6671 (9.3)	31,485 (-14.1)
경상지출		22,076 (14.1)	27,560 (14.8)	32,508 (18.0)	38,011 (16.9)	41,758 (11.9)	39,131 (-6.3)	43,560 (12.0)	48,205 (10.7)

자료: 한국은행, 조사통계월보, 보도 자료.
주: 1/ ( )안 수치는 전년대비 증가율(%)임.
2/ 경상지출은 환경오염방지를 위한 인건비, 시설운영비(operating cost) 등을 말함.
3/ 한국은행의 오염방지지출 추계는 1992년부터 이루어지고 있어 1992년의 증가율은 나타내지 못함.

〈표 Ⅰ-4〉는 산업별 환경오염방지지출 추이를 나타내고 있다. 기업의
환경오염방지 투자지출을 사후처리투자와 예방투자로 구분하여 살펴보면
1998년 이후에 사후처리투자는 감소하는 추세를 보이고 있으며 예방투자
는 증가추세를 보여 예방투자 비중이 커지고 있음을 알 수 있다. 또한
산업별로 살펴보면 제조업이 비제조업 부문(농림어업, 광업, 전기가스·
수도업, 건설업, 서비스업)의 환경오염방지지출과 비교하여 지출규모가
크게 나타나고 있으며, 제조업 중에서 중화학공업의 지출규모가 경공업
보다 비중이 큰 것으로 나타나고 있다.

〈표 Ⅰ-4〉 산업별 환경오염방지지출 추이

(단위: 억 원, %)

		1993	1994	1995	1996	1997	1998	1999	2000p
지출형태별	투 자						10,253	11,389	9,304
							(-18.7)	(15.1)	(-18.3)
	(사후)						9,373	10,031	7,760
							(-33.5)	(7.0)	(-22.6)
	(예방)						880	1,358	1,544
							(-27.2)	(54.3)	(13.7)
	경상						18,373	21,560	25,428
							(-7.7)	(17.3)	(17.9)
산업별	제조업	12,078	17,127	19,543	21,467	20,732	17,350	20,338	23,708
		(-3.2)	(28.9)	(14.1)	(9.8)	(-5.7)	(-16.3)	(18.8)	(16.6)
	중화학공업	9,380	14,175	16,374	17,860	16,877	13,837	16,176	19,110
		(-4.0)	(32.4)	(15.5)	(9.1)	(-7.5)	(-18.0)	(21.7)	(18.1)
	경공업	2,698	2,952	3,169	3,607	3,855	3,513	4,162	4,598
		(0.0)	(11.9)	(7.3)	(13.4)	(2.8)	(-8.9)	(8.8)	(10.5)
	비제조업	6,293	7,669	9,369	11,133	14,487	11,483	12,611	11,024
		(21.5)	(5.8)	(22.2)	(19.0)	(28.3)	(-20.7)	(9.5)	(-12.6)

자료: 한국은행, 조사통계월보, 보도 자료.
주: 1/ ( )내는 전년대비 증가율(%)을 나타냄.
　　2/ 사후적처리투자는 생산과정에서 발생한 오염물질을 사후적으로 처리하기 위한 시설투자
　　　이며, 예방투자는 오염물질 발생의 감소를 주로 목적으로 하는 생산공정개선 등 청정생
　　　산을 위한 투자를 말함.

4. 환경규제강화와 경쟁력 간의 관계에 관한 실증분석 고찰

1) 환경규제강화와 국제무역

국가에 내재되어 있는 부존자원의 차이는 국가 사이의 요소부존 비율의 차이를 발생시키고, 비교우위는 요소부존비율에 의해 결정되기 때문에 부존자원의 차이는 국제무역의 패턴을 결정하는 중요한 요소로 인식되고 있다. 이러한 무역이론에 기초하여 기업이 오염을 유발하며 생산활동을 한다고 할 때 기업은 깨끗한 환경이라는 부존요소를 이용한다고 볼 수 있으며, 생산활동을 함에 따라 환경이라는 부존자원을 감소시키는 것이라고 생각할 수 있다.

이러한 측면에서 생각할 때 환경을 기업 자유대로 오염시킬 수 없는 산업(환경규제를 많이 받는 산업)은 비교우위를 잃게 되어 수출이 감소하는 결과를 가져올 수 있다. 즉 생산요소의 이동이 산업 간에 자유롭다고 가정할 때 환경규제가 상대적으로 엄격한 국가는 청정상품(clean commodities)의 생산에 특화(specialize)하고, 환경규제가 상대적으로 약한 국가는 환경집약재(environmentally intensive goods)에 특화한다. 따라서 환경규제가 강한 국가는 청정상품을 수출하게 되고, 환경규제가 약한 국가는 오염집약재를 수출하게 될 것이다. 따라서 환경규제강화와 경쟁력의 관계를 순수출과 시장점유율과의 관계에서 분석할 수 있다.

(1) 환경규제강화와 순수출

국제무역에서 환경정책의 역할에 대한 평가는 Walter(1973)에 의해서 처음 시도되었다. Walter(1973)는 Leontief 모형을 이용하여 최종재 가격에 포함되어 있는 환경오염방지비용을 추계한 후에 미국 수출품과 수입품에 포함되어 있는 환경오염방지비용을 계산하였다. 그의 연구결과에 의하면 수입품보다 수출품에 환경오염방지비용이 많이 포함되어 있어 미국은 교역 상대국들보다 환경이라는 부존자원이 풍부한 국가라고 결론을 내리고 있다. 그러나 Walter(1973)의 연구는 환경규제의 차이에서 오는 영향을 분석하지 않고 있다.

Robison(1988)은 Walter(1973)의 연구방법과 유사하게 분석하고 있다. 그는 생산과정상에서 자본에 포함되어 있는 환경오염방지비용을 고려하여 산출물과 수출품, 수입품에 포함되어 있는 환경오염방지비용을 추계하고 있다. 그의 분석결과에 의하면 환경규제강화의 증거로 수입품이 수출품보다 환경오염방지비용이 많이 포함되어 있어 미국의 무역패턴을 변화시켰다고 결론 내리고 있다.

그러나 Robison(1988)의 연구는 교역 상대국의 환경정책의 변화를 고려하지 않았을 뿐만 아니라 환경규제의 정도를 나타내는 변수로 환경법 이외의 변수를 고려하지 못하고 있다. Sorsa(1994)도 Leontief 모형을 이용하여 분석하고 있는데 Robison(1988)의 연구결과와 다른 결론을 내리고 있다. Sorsa(1994)는 7개의 선진국을 대상으로 분석하고 있는데 환경집약재와 환경오염방지출과의 상관관계를 분석한 결과 대부분의 경우에 있어 이 둘 사이에는 상관관계가 없다고 결론을 내리고 있다.

그러나 이러한 Leontief 모형을 이용하여 분석하는 경우 두 가지 문제점이 있을 수 있다. 첫째, 분석이 단편적이라는 것이다. 즉 환경오염방지비용 이외에 국제무역 패턴을 설명할 수 있는 요인들을 무시하고 있다는 것이다. 둘째 환경오염방지비용에 대한 고려가 교역당사국에만 해당될 뿐 교역상대국에게는 제외되어 분석하고 있다는 것이다. 이러한 문제점을 Tobey(1990)가 해결하고 있는데 그는 23개 국가를 대상으로 Walter and Ugelow(1979)가 제시한 환경규제 변수를 이용하여 Heckscher-Ohlin-Vanek 모형하에서 비교우위에 대한 실증분석을 하였다. 그의 결과에 의하면 오염집약산업에서 환경규제의 강화가 순수출에 영향을 주지 못하는 것으로 밝히고 있다.

Grossman and Kruegar(1993)는 미국과 멕시코의 자유무역지대인 Maquildora 지역에 대한 실증분석 결과, 무역과 투자패턴은 노동집약도에 의해 유의하게 결정되고 산업간 환경규제비용의 차이는 무역과 투자패턴에 유의하지 못하는 것으로 나타나고 있다. 따라서 이들의 연구결과는 미국과 멕시코의 지리적 위치, 무역규모, 환경규제의 차이 등을 고려할 때 환경규제가 순수출에 부정적인 영향을 준다는 가설에 부정적일 수밖에 없다고 결론을 내리고 있다.

또한 Beers *et al.*(1997)는 국제무역의 중력흐름(gravity flow)모형을 이용하여 실증분석을 시도하였다. 이들의 연구는 Tobey(1990)가 이용한 각 국가의 환경규제변수를 사용한 경우에는 Tobey(1990)와 동일한 결과를 도출하였다. 그러나 산출물기준의 환경규제에 대한 변수 이용할 경우에는 환경규제가 오염산업의 수출에 부정적 영향을 미치는 것으로 나타나 어떤 자료를 이용하는가에 따라 상이한 결과를 보이고 있다.

우리나라의 경우 김동석(1998)이 1993년의 횡단면 자료를 이용하여 환경규제가 국제경쟁력에 미치는 영향을 실증분석하고 있다. 국제경쟁력의 지표로 순수출을 이용하여 단순회귀분석한 결과 환경규제가 국제경쟁력에 긍정적인 영향을 주는 것으로 나타나고 있다. 또한 Heckscher-Ohlin의 무역이론에 근거하여 Leamer(1984)가 제시한 지표를 이용하여 환경규제의 정도를 파악하였는데, 그의 결과에 의하면 우리나라의 환경규제는 다른 국가에 비해 약한 편이며 생산요소로서의 환경규제 역시 다른 생산요소와 비교하여 희소한 것으로 나타나고 있다.

(2) 환경규제강화와 무역패턴

대부분의 연구들은 오염집약산업과 오염을 적게 배출하는 산업의 국제무역 패턴을 분석하고 있다. 여기서 제기되는 문제로 환경규제가 다른 국가와 비교하여 상대적으로 엄격할 경우 환경규제가 강한 국가의 오염집약산업은 경쟁력이 상대적으로 열세에 놓이게 되고 이는 환경규제가 상대적으로 약한 국가(주로 개도국)로 이러한 산업이 이전하는 것을 생각할 수 있다. 이와 같은 변화를 나타내는 지표로는 오염집약상품이 세계 총수출에서 차지하는 오염집약상품의 수출비중을 들 수 있다.

Low and Yeats(1992)는 오염집약상품을 오염저감 및 통제를 위한 비용이 많이 소요되는 상품으로 정의하고, 1965년부터 1988년까지의 자료를 이용하여 오염집약상품의 무역패턴을 분석하였다. 이들의 분석결과로 다음과 같은 사실을 발견할 수 있었다.

첫째, 세계 총무역량에서 차지하는 오염집약상품의 비중이 19%에서 16%로 줄어들었다. 둘째, 오염집약상품의 세계무역에서 차지하는 북미지역의 수출비중은 21%에서 14%로 낮아졌다. 셋째, 오염집약상품의 동남아지역의 수출비중은 3.4%에서 8.4%로 증가했다. 넷째, 비교우위가 높아진 오염집약산업의 비중이 선진국은 감소한 반면 개도국은 증가하였다.

그러나 Low and Yeats(1992)는 그들의 분석 자료로 부터 다음과 같은 사실도 언급하고 있다. 첫째, 1965년과 1988년 사이에 전 세계에서 차지하는 선진국의 오염집약상품의 수출이 절대적으로 크기 때문에 오염집약산업이 개도국으로 이전했다는 것은 모순이라는 것이다. 따라서 오염집약산업이 선진국에서 개도국으로 이전한다면 이것은 단지 선진국이 국내수요를 충족시키거나 또는 수입대체를 위한 목적에서 이루어진 것으로 볼 수 있다.

둘째, 천연자원의 부존량으로 오염집약상품의 수출패턴을 설명할 수 있다. 어떤 특정국가가 오염집약상품의 수출비중이 높은 것은 특정 국가가 가지고 있는 천연자원의 부존량이 오염집약상품을 다른 국가와 비교하여 효율적으로 생산할 수 있도록 되어 있기 때문이라는 것이다. 예를 들어, 핀란드가 종이제품을 수출하고, 베네수엘라와 사우디아라비아는 정유제품을 대량 수출하는 것과 같이 오염집약상품에 대한 천연자원이 풍부한 국가는 오염집약상품에 대해 효율적으로 생산할 수 있기 때문이다.

일반적으로 오염집약상품이 세계에서 차지하는 무역 혹은 수출비중을 살펴보는 것보다 개별국가의 오염집약상품이 전 세계 산출량에서 차지하는 비중을 살펴보는 것이 더 현실적일 수 있다. 이러한 이유는 오염집약상품에 대한 수요가 증가할수록 생산설비는 오염집약상품의 수요가 많은 지역에 위치할 것이고, 이에 따라 무역규모는 축소되기 때문이다.

오염집약상품에 대한 무역규모의 감소는 선진국이 이들 산업에 대해 무역규모를 동일하게 유지할지라도 오염집약상품의 수출 감소를 가져올 수 있기 때문이다. 오염집약상품에 대한 전체 무역규모의 감소는 개도국이 자국의 수요를 충족시켜 주기 위해 오염집약상품에 대한 생산기술을 발전시키고 이에 따라 선진국은 이들 제품에 대해 경쟁력이 감소했다고 생각할 수 있다.[15]

2) 환경규제강화와 투자 및 산업이동

환경규제의 강화와 투자 및 산업이동은 산업축출가설(industrial fright hypothesis) 또는 공해천국가설(pollution heaven hypothesis)을 규명함으로써 환경규제강화와 경쟁력의 문제를 설명할 수 있다. 산업축출가설은 국내 환경규제가 강화됨에 따라 국내의 오염집약산업이 상대적으로 환경규제가 약한 국가로 옮겨간다는 것이다. 한편 공해천국가설은 환경기준

---

15) Jaffe *et al.*(1995) 참조.

이 약한 국가가 공해산업을 유치를 유도한다는 점에 초점을 두고 있다. 따라서 산업축출가설은 환경규제가 상대적으로 강한 국가(주로 선진국) 에서 보는 입장이고 공해천국가설은 환경규제가 상대적으로 약한 국가 (주로 개도국)에서 보는 입장이다. 이러한 것에 대한 실증분석으로는 환경규제강화와 해외직접투자(foreign direct investment)의 관계 혹은 환경규제강화와 공장의 위치 선정 문제를 다루는데 초점을 두고 있다.

즉 환경규제가 상대적으로 강한 국가에서는 투자유인이 감소하여 환경규제가 상대적으로 약한 국가에 투자를 한다는 것이고, 환경규제와 공장의 위치선정 문제는 환경규제가 공장의 위치를 선정하는데 중요변수인가를 밝히는 것이다.

Walter(1982)는 기업 자료를 이용하여 오염집약산업이 환경규제가 상대적으로 약한 국가로 이동했다는 증거가 없다고 주장하고 있다. 이러한 결론은 Bartick(1988), Leonard(1988)의 연구결과와 일치하고 있는데 이들은 미국 자료를 이용하여 분석한 결과 환경규제가 공장의 위치를 결정한다는 증거가 거의 없다고 결론을 내리고 있다. 단지 대기업의 자회사가 공장의 위치를 선정할 때만 실증분석 결과 유의하게 나오는 것으로 추정하고 있다.

Rowland and Feiock(1991)은 이들의 결과와는 반대로 환경규제가 공장의 위치를 결정, 주요 변수 중에 하나라고 주장하고 있다. 이들은 미국의 화학산업을 대상으로 분석하고 있는데 화학산업에 대한 주정부의 서로 다른 환경규제 차이가 공장의 위치를 선정하는 주요 변수라고 주장하고 있다.

Hettige et al.(1992)은 개발도상국가에서 1960대까지는 산업의 이동이 있어 왔으나 선진국의 환경규제가 강화되었던 시점인 1970, 1980년에는 개도국의 산업이동에 대한 증거가 없다고 결론 내리고 있다. Keller and Levinson(1999)은 1977년부터 1994년 기간을 대상으로 미국으로 유입해

오는 해외직접투자 자료를 이용하여 미국 주정부별로 다른 환경규제의 차이가 유입해 오는 해외직접투자에 영향을 주는가에 대한 실증분석을 하였다. 이들의 분석결과에 의하면 오염집약산업의 경우 투자에 약간의 부정적인 영향을 가져오는 것으로 나타나고 있지만 그 영향이 광범위하게 나타나지 않음을 밝히고 있다.

3) 환경규제강화와 생산성

환경규제가 강화되기 이전과 비교하여 환경규제가 강화되면, 생산에 필요한 투입 자원을 오염저감을 위한 자원으로 전환해야하므로 이로 인한 생산의 감소로 생산성이 감소하여 기업의 경쟁력은 하락한다. 이렇게 환경규제강화가 생산성을 하락시키는 이유를 정리하면 다음과 같다.

첫째, 환경규제로 인해 자본, 노동, 중간투입물과 같은 생산요소를 이용하여 상품을 생산하는 것뿐만 아니라 환경규제로 인해 '환경의 질(environment quality)'에 대한 생산물도 생산해야 한다. 이러한 이유로 환경규제를 받는 기업의 생산성은 규제 전보다 낮아질 수 있다.

둘째, 환경규제강화에 대한 반응으로 기업이 생산공정 혹은 경영방법을 바꾼다면 바꾸기 전보다 생산성이 낮아질 수 있다. 이러한 이유는 기업가는 효율적으로 생산하는 방법에 대해 알고 있는 전문가인데, 환경규제라는 충격(shock)으로 인해 효율적으로 생산 가능한 생산공정 또는 경영방법이 영향을 받는다면, 이로 인해 생산성이 낮아질 수 있기 때문이다.

셋째, 환경규제로 인한 오염방지시설 투자는 다른 생산적인 투자를 상쇄할 수 있으며, 대부분의 환경규제는 기존의 공장에 대해 소급하여 환경규제를 적용시키지 않고 새로운 공장에 대해서 환경규제기준을 적용시킨다. 이것은 생산활동에 대한 투자유인을 감소시킬 수 있어 생산성의 하락을 가져올 수 있다.

넷째, 환경규제는 기업으로 하여금 오염배출 저감을 위해 최적이용가
능기술(the best available technology, BAT)을 채택하도록 의무화하도록
한다. 이러한 이유로 환경규제가 미치는 시점에서는 새로운 오염저감을
위한 기술개발에 대한 유인을 촉진할 수 있다. 그러나 시간이 지남에 따
라 즉 기업이 환경규제를 준수하기 위해 새로운 최적이용가능기술을 개
발할 때마다 새로운 오염저감 설비에 투자를 해야 하므로 환경규제로 인
해 생산비용을 환경규제를 준수하기 위한 비용 이상으로 상승시킬 뿐 아
니라 다른 간접비용을 상승시키는 요인으로 작용할 수도 있다. 특히 시
간이 흐름에 따라 이러한 가능성은 더욱 커진다.(Jaffe et al., 1995)

이상의 논의는 환경규제가 생산성을 감소시킨다는 주장이다. 그러나
이와는 반대로 환경규제가 오히려 생산성을 증가시킬 수 있다는 주장이
있다. 즉 환경규제가 오히려 생산성의 향상을 가져올 수 있다는 것이다.

환경규제로 인해 공장의 낡은 자본시설을 교체하여 생산성 증가를 유
도할 수 있는데, 이러한 주장은 기본적으로 규제가 있기 전에 기업의 생
산은 생산경계(production frontier)에서 최적으로 이루어지지 않는 것을
전제로 한다.

신고전학파(neo-classical economics) 관점에서 기업의 생산은 항상 생산
경계에서 이루어지는 것을 가정하고 있으나, 이러한 현상은 현실적으로 일
어나지 않으며 생산은 생산경계 내부에서 이루어진다는 것이다. 이러한 현
상이 일어날 수 있는 하나의 가능성으로는 X - 비효율성(X-inefficiency)을
들 수 있다. 환경규제와 같은 외부의 자극으로 낡은 자본시설을 새로운 자
본시설로 교체하여 생산성을 증가시킬 수 있다.

Porter(1991, 1995)는 기업의 경쟁력은 규모의 경제 등과 같은 정태적
(static) 관점이 아닌 동태적(dynamic) 관점에서 생산효율성(경쟁사보다
저렴한 가격), 가격 차별화의 능력(제품의 고품질화로 프리미엄 가격을
설정할 수 있는 능력), 기술혁신(innovation)을 통한 생산성 우위에 있다

고 규정하고, 환경규제의 강화는 환경규제를 준수하기 위한 비용을 상쇄할 수 있는 기술혁신을 유도하고 생산성 우위를 확보하여 기업의 경쟁력을 강화한다고 주장하였다.

이러한 환경규제와 경제행위의 관점을 Porter 가설이라고 하는데, Porter 가설이 주목을 받는 이유는 첫째, 환경규제강화가 환경기술에 대한 기술혁신을 가져올 수 있다는 것이다. 예를 들어 자동차 배기가스에 대한 규제가 강화됨에 따라 공기청정장치에 대한 기술이 발전되었고, 오존을 파괴시키는 CFC에 대한 규제는 듀퐁사에게 대체물질을 개발하게 하였다.[16]

둘째, 환경규제강화에 대응하여 오염방지시설에 대한 기술개발을 경쟁사보다 앞서서 하게 되면, 선구자적으로 오염배출에 대한 기업의 비용과 생산비용을 줄일 수 있게 되어 경쟁기업보다 비교우위를 갖게 된다는 것이다. 또한 이러한 현상들이 광범위하게 일어난다면 환경규제에 대한 사회적 비용은 기업이 환경규제를 준수하기 위한 비용을 상쇄시킬 수 있을 뿐만 아니라 환경규제로 인한 사회적 편익이 비용보다 크게 나타날 수 있게 되어 궁극적으로 환경질의 개선을 비용 없이 달성할 수 있다고 주장한다.

환경규제가 생산성에 미치는 영향에 대한 기존연구는 성장회계(growth accounting)방법, 거시경제일반균형(macro-economic general equilibrium) 방법, 계량경제학적 방법으로 나누어 설명할 수 있다. 성장회계를 이용한 기존연구로는 대표적으로 Denison(1979)이 있으며, 거시경제일반균형 모형을 이용한 기존연구로는 Jorgenson and Wilcoxen(1990)이 있다. 마지막으로 계량경제학적 방법을 이용한 기존연구로는 Gollop and Roberts(1983), Gray(1987), Barbera and McConnell(1986, 1990), Berman and Bui(1998) 등이 있다.[17] 기존연구의 연구 내용을 살펴보면 다음과 같다.

---

16) Porter(1991).
17) Jaffe *et. al.*(1995).

환경규제와 생산성에 대한 기존연구들은 대부분 환경규제가 생산성을 감소시키며 그 효과는 크지 않은 것으로 추정하고 있다. 그러나 기존연구의 일부 연구(Barbera and McConnell, 1990; Berman and Bui, 1998)에서는 환경규제강화가 생산성 감소를 줄이며 오히려 생산성을 증가시키는 것으로 나타나고 있어 환경규제의 생산성 영향을 일률적으로 단정 짓는 것은 무리이다. 또한 환경규제의 생산성 영향은 산업별로 다르게 나타나며 환경규제의 수단에 따라 그 영향이 다른 것으로 알려져 있다.

Denison(1979)은 성장회계(growth accounting)방법을 이용하여 1970~1975년 기간 중 환경규제가 미국 기업의 생산성에 미치는 영향을 분석하였다. 그에 의하면 미국경제의 생산성 감소가 요인 중 약 16% 정도가 환경규제에 기인한 것임을 발견하였으며 환경규제가 노동생산성에 부정적인 영향을 준다고 밝히고 있다.

Gollop and Roberts(1983)는 1973~1979년에 걸쳐 아황산방출규제로 인한 미국 전력산업의 생산성을 초월대수함수를 이용하여 분석하였다. 이들은 환경규제를 나타내는 지표를 배출기준, 준수 정도 등의 질적인 요인을 고려하여 작성하여 생산성 효과를 추정하고 있다. 이들의 분석결과에 의하면 생산성 감소의 약 44%가 환경규제강화에 기인하는 것으로 밝히고 있다.

Gray(1987)는 1958~1978년 기간의 450개의 제조업체를 대상으로 환경규제와 생산성과의 관계를 분석하였다. Gray(1987)는 환경규제로 인한 생산성 변화를 측정효과(measure effect)와 실질효과(real effect)로 구분하여 분석하였다. 그에 의하면 측정효과를 환경규제로 인하여 증가된 비용이 총생산에서 차지하는 비율로 정의하고 있으며, 실질효과는 환경규제 때문에 생산과정의 선택에 제약이 가해지고 기업의 신규투자가 위축되거나 또는 다른 생산요소의 생산성 감소로 인한 효과로 정의하고 있다. 그의 추정결과에 의하면 1973~1978년 기간 동안 환경규제로 미국

제조업의 생산성이 매년 0.44%p 감소하고 이는 생산성 감소의 약 30%를 설명한다고 분석하였다.

Barbera and McConnell(1990)은 제조업을 대상으로 초월대수로그함수(trans-log function)를 이용하여 환경규제의 생산성 효과를 분석하였다. 이들은 생산성에 대한 환경규제의 효과를 오염방지시설 투자에 따른 비용증가로 인한 직접효과와 오염방지시설 도입에 따른 생산공정의 변화로 인한 간접효과로 구분하여 생산성을 분석하였다. 이들에 의하면 환경규제의 생산성 효과는 산업별로 다르게 나타나고 있지만, 화학산업과 비철금속산업의 경우 간접효과에 의해 생산성이 증가할 수 있음을 보였다.

그러나 간접효과는 직접효과와 비교하여 아주 작은 부분을 차지하는 것으로 나타나고 있다. 이들의 연구결과에 의하면 환경규제의 생산성변화를 1960~1970년과 1970~1980년을 서로 비교한 결과 이 기간 동안의 생산성 감소의 10~30%가 환경규제로 인한 효과임을 밝혔다.

Berman and Bui(1998)는 1979~1992년 기간 동안의 자료를 이용하여 미국 L.A. 지역의 남부해안 지역에 위치한 석유정제 공장을 대상으로 환경규제강화가 생산성에 미치는 영향을 분석하였다. 이들에 의하면 조사기간은 가장 환경규제가 심한 기간이었고, 석유정제공장이 위치한 지역은 환경규제가 가장 엄격한 지역임에도 불구하고 생산성이 증가하는 것으로 나타나 환경규제강화가 생산성에 긍정적인 영향을 주는 것을 보였다.

국내에서의 환경규제에 대한 생산성 분석은 이명헌(1996, 1997)이 있다. 이명헌(1997)은 Gray(1987) 모형을 이용하여 한국 제조업을 대상으로 환경규제가 생산성에 미치는 영향을 분석하였다. 이명헌(1996)에 의하면 환경규제로 1982~1993년 기간 동안 환경규제로 인하여 연평균 0.58%p의 생산성 감소효과가 있음을 밝히고 있으며, 환경규제로 인한 신규투자의 위축, 다른 생산요소의 감소 등과 같은 실질효과가 존재하지 않는 것으로 추정하였다.

또한 이명헌(1997)은 Gollop and Roberts(1983)의 모형을 이용하여 제조업을 대상으로 환경규제가 생산성에 미치는 영향을 분석하였다. 그의 연구결과에 이명헌(1997)의 연구결과에 의하면 환경규제로 제조업의 생산성은 연평균 0.11%p 감소하는 것으로 추정하였다.

그러나 이명헌(1996, 1997)의 연구는 다음과 같은 문제점이 있을 수 있다. 첫째, 환경규제의 생산성 영향에서 간접효과에[18] 대해 분석하고 있지 않다. 요컨대, 환경규제로 인해 투입요소 간의 결합관계에서 발생할 수 있는 생산성 분석에 대해서 분석하고 있지 않다. 둘째, 자료이용에 있어서 실질자본량을 추계 시 자산형태별 투자액을 이용하여 추계해야 하는데 단지 유형고정자산의 연말총액을 실질화하여 이용하고 있으며, 이용 자료의 시계열 수가 작아 추정계수의 신뢰성 문제가 있을 수 있다.

4) 환경규제강화와 경제성장

환경규제는 앞에서 살펴 본바와 같이 생산성 및 국제무역 등에 영향을 미칠 수 있고 이는 정태적인 관점이 아닌 동태적(dynamic) 관점에서 경제성장 변화와 연결될 수 있다. 환경규제로 인한 사회적 비용변화는 종합적이고 장기적으로 나타날 수 있는데, 이들을 수량화하기 위해서는 일반 균형분석을 이용하는 것이 바람직하다. 이러한 이유는 환경규제로 인한 산업 간 상호작용 투자수준의 변화에 대한 영향을 누적적으로 살펴 보아야 하기 때문이다.

Hazilla and Kopp(1990)는 미국의 대기질개선법안(clean air act)과 수질개선법안(clean water act)에 대한 비용분석에서 이러한 환경규제 법

---

18) 간접효과는 기업이 환경규제에 준수하기 위해 오염방지시설을 도입하는 경우 기존의 생산투입요소의 양(amount) 또는 투입요소의 결합에 영향을 주게 되어 총요소생산성의 변화를 가져오는 효과를 말한다. 이러한 간접효과는 생산성이 향상될 수도 있고 생산성이 감소할 수도 있다.

안이 노동투입과 투자에 영향을 줄 때 일반균형적인 조정과정을 고려했을 경우와 그렇지 않았을 경우의 사회적 비용을 비교하였다. 이들의 분석결과에 의하면 일반 균형적인 조정 과정을 고려하는 경우 단기에 있어서는 사회적 비용이 오염방지비용보다 작게 추정이 되었지만 장기에 있어서는 투자와 노동의 감소로 사회적 비용이 더 크게 추정이 되었다.

Jorgenson and Wilcoxen(1990)은 기업부문을 35개 산업(정부기업 포함)으로 나누고 산업 간 상호작용과 산업별로 서로 다른 환경규제를 고려한 일반 균형모형을 사용하여 오염방지투자, 자동차 배출량 규제 대응과 관련한 운영비용(operation cost)의 동태적 효과를 측정하였다. 그 결과 환경규제의 효과는 산업 간에 크게 다르며 특히 화학, 석탄광업, 자동차, 정유, 1차금속, 펄프 및 제지 등의 산업이 가장 큰 부담을 안고 있음을 발견하였다.

또한 이들의 분석에 따르면 환경규제로 인한 미국의 GNP 성장률 하락은 1974~1985년 기간 중 연평균 0.2%이며, 이러한 수치는 같은 기간 중의 GNP 성장률에 대한 총 감소폭의 2.6%를 차지하는 것으로 밝히고 있다. 이러한 결과를 바탕으로 Jorgenson and Wilcoxen(1990)은 미국 경제의 성장은 환경규제로 인해 커다란 영향을 받는다는 결론을 제시하였다.

이상의 논의는 규제가 비용을 상승시킨다는 전제를 바탕으로 하고 있다. 그러나 환경규제의 강화가 기업의 경쟁력을 촉진시킬 수 있다는 주장이 Porter(1991)를 중심으로 제기되고 있다. 이들은 환경규제의 강화는 기업으로 하여금 생산공정을 재검토하는 기회를 제공하고 이에 따라 기업은 오염저감, 비용감소 또는 산출량 증대를 위한 혁신적 방법을 발견하게 되어 환경규제의 강화가 기업의 경쟁력을 증대시킨다고 주장하고 있다. 또한 이들은 만일 이러한 현상이 사회 전반에 확산되고 기술혁신 효과가 충분히 크게 나타난다면 환경규제에 대한 총 사회적 비용이 환경규제를 준수하기 위한 비용보다 작게 되고 환경질의 개선을 비용 없이

달성할 수 있고 주장하고 있다.[19]

환경규제와 기술혁신에 대한 기존의 연구로는 대부분이 환경규제와 연구개발투자와의 관계를 이론적으로 규명하는 연구들로 대부분이 서로 다른 환경규제의 수단에서 환경규제를 준수하기 위한 비용 혹은 오염물질 배출감소를 위한 기업의 기술개발투자 유인에 대한 연구들이다. 이에 대한 연구로는 Downing and White(1986), Marin(1991), Milliman and Prince(1989, 1992) 등이 있다. 이들 연구는 경제적 유인에 기초한 환경규제 수단이 지시 및 통제(command and control)에 의한 수단보다 연구개발투자에 대한 유인이 높다고 밝히고 있다.

한편 Malueg (1989)는 기업이 새로운 오염방지에 대한 기술개발을 전후로 하여 배출권거래제(emission trading programs) 시장에서 차지하는 위치 즉 수요자냐 공급자냐에 따라 배출권거래제가 지시 및 통제에 의한 수단보다 연구개발투자의 유인이 줄어들 수도 있고 증가할 수도 있음을 밝히고 있다. 그러나 이들 연구들은 잠재적으로 나타날 수 있는 시장실패 문제를 간과하고 있다. 이에 대해 Parry(1995), Hackett (1995)는 연구개발투자에 참여하고 있는 기업들 간의 관계를 분석하고 이에 따라 나타날 수 있는 시장실패 문제를 동태적인 측면에서 분석하고 있다.

또한 Parry (1998), Parry et al.(1999, 2000)은 서로 다른 환경규제의 수단에서 유인된 환경기술 개발을 위한 연구개발투자의 후생효과를 분석하고 있다. 이 밖에 Oates et al.(1993)은 환경규제강화로 인한 연구개발투자유인과 기술파급효과에 대한 분석을 완전경쟁시장의 기업을 대상으로 하였다. 이들에 의하면 완전경쟁시장에서 이윤극대화를 하는 기업은 환경규제가 강화됨에 따라 기업은 효율적인 오염저감시설을 개발하기 위한 유인이 증가함을 밝히고 있다.[20]

---

19) Porter(1995)는 'innovation offsets'이라고 하고 있다.
20) Porter 가설에 대한 이론적 연구로는 Xepapadeas and Zeeuw(1999)가 있다. 이들은 환경규제로 강화로 인한 자본량에 나타나는 효과를 총자본량이 줄이는 규

환경규제와 기술혁신에 대한 실증분석 연구는 이론분석 연구와 비교하여 많은 연구가 이루어지지 않았는데 비교적 최근의 연구는 Jaffe and Palmer(1997)가 있다. 이들은 1973~1991년 사이의 산업별 패널 자료를 이용하여 오염방지지출비용, 연구개발투자, 특허권 자료를 이용하여 환경규제와 기술혁신과의 관계를 분석하였다. 이들의 연구에 의하면 오염방지지출비용과 기술혁신의 투입물로 나타낼 수 있는 연구개발투자와는 정(+)의 관계가 있음을 밝힌 반면 기술혁신의 산출물로 나타낼 수 있는 특허권과는 아무런 연관관계를 찾지 못하고 있다.

모축소효과(downsizing effect)와 오염배출량을 줄일 수 있는 새로운 시설로 교체하는 현대화효과(modernization effect)로 구분하여 설명하고 있다. 이들에 의하면 환경규제강화의 효과로 생산성효과(productivity effect)와 이윤-오염배출효과(profit-emission effect)가 나타나는데 생산성효과는 환경규제의 강화 때문에 자본의 현대화효과를 수반하는 기업의 규모축소로 생산성이 증가하는 것으로 나타나고 있다. 이윤-오염배출효과는 환경규제의 강화로 이윤과 오염배출이 감소함을 보이고 있는데, 환경규제강화로 자본량에 현대화효과가 발생하여 새로운 기계(productive machine)와 오래된 기계(less productive machine)로 구성되어 있는 경우에 한계오염배출량 감소가 증가하고 한계이윤감소가 낮아지는 것으로 밝히고 있다. 이들의 연구는 환경규제강화로 오염배출감소와 이윤감소라는 상반관계(trade-off)가 존재하여 이윤 증가와 오염배출도 감소를 동시에 달성할 수 있다는 Porter 가설을 이론적으로 뒷받침한다고 볼 수 없다. 그러나 환경규제강화로 자본량에 규모축소효과와 현대화효과가 발생하는 경우에 한계오염배출량 감소가 증가하고 한계이윤감소가 낮아지게 되어 Porter 가설을 어느 정도 지지하는 것으로 밝히고 있다.

Ⅱ. 환경규제강화와 생산성 분석[21]

1. 서 론

생산성은 투입물과 산출물과의 관계를 나타내는 것으로 환경규제가 강화되면 환경규제강화로 생산비용의 증가를 가져와 생산성이 감소하여 기업의 경쟁력을 감소시킨다는 견해가 있다. 이와는 반대로 환경규제의 강화가 기술혁신을 유발하여 생산공정이 개선되어 장기적으로 생산성을 증가시켜 기업의 경쟁력을 강화한다는 견해가 있다. 이 둘 간의 주장에 대해서 누가 옳고 누가 틀린가에 대한 대답은 아직까지 뚜렷하게 제시하고 못하고 있다.

그러나 생산능력을 나타내는 개념인 생산성은 경쟁력의 원천으로 경제전문가나 정책입안자에 의해 중요성이 인정되고 있어 환경규제 혹은 환경규제강화에 대한 생산성 분석은 기업 혹은 산업차원에서 분석하는 것이 필요하다고 볼 수 있다.

환경규제가 생산성에 미치는 영향은 직접효과와 간접효과로 나누어서 설명할 수 있다. 직접효과는 환경규제를 준수하기 위한 기업의 오염방지시설 설치가 생산성에 주는 영향을 나타내는 것으로 오염방지시설의 비용이 증가함에 따라 생산성이 감소하게 되고 오염방지시설의 비용이 감소함에 따라 증가하게 된다.

간접효과는 기업이 환경규제에 준수하기 위해 오염방지시설을 도입하는 경우 생산적 투입요소의 수요와 투입요소의 결합에 영향을 주게 되어 생산성의 변화를 가져오는데 생산성이 향상될 수도 있고 생산성이 감소

---

21) 본 내용은 『산업조직연구』, 제12집 제1호, 2004, pp.22-62에 게제 되었습니다.

할 수도 있다. 즉 새로운 오염방지시설 도입으로 기존의 낡은 자본설비의 교체가 빨리 이루어져 자본설비에 대한 투자가 증가해 생산성이 향상될 수 있다.

또한 오염방지시설 도입으로 생산을 위해 투입되었던 노동과 에너지의 투입이 오염방지시설로 전환이 이루어져 생산성이 감소할 수 있다. 이러한 간접효과가 생산성에 긍정적인 영향을 준다면 환경규제로 인해 기업이 효율적으로 생산활동을 한다고 생각할 수 있기 때문에 정책적으로 많은 시사점을 나타낸다고 볼 수 있다.

Ⅱ장에서는 이러한 점에 착안하여 환경규제가 생산성에 미치는 영향을 직접효과와 간접효과로 나누어서 분석하고자 한다. 이를 위해 생산성을 측정하는 개념인 총요소생산성 추정을 위해 지수접근방법을 이용하여 총요소생산성을 추정하였으며, 환경규제가 총요소생산성 어떠한 영향을 주는가를 분석하기 위해 계량경제학적 접근방법으로 비용함수를 이용하여 총요소생산성을 분해하여 환경규제의 직접효과와 간접효과를 분석하고 있다. 또한 환경규제에 대한 영향은 산업별로 다르게 나타날 수 있기에 산업별로 생산성을 분석하고 있으며, 환경규제강화에 대한 영향을 살펴보기 위해 1983~1990년과 1991~1997년의 두 기간으로 나누어서 분석하고 있다.

Ⅱ장의 구성은 다음과 같다. 2절에서는 생산성 개념 및 측정방법에 대해서 설명하고 있다. 3절에서는 총요소생산성을 추정하기 위한 지수접근방법에 의한 모형설정과 총요소생산성의 결정요인을 분해하기 위한 비용함수의 모형설정에 대해 설명한다. 4절에서는 실증분석을 위해 사용한 자료의 수집 및 추계와 환경규제를 나타내는 변수에 대해서 설명한다. 5절과 6절에서는 실증분석 추정결과와 요약 및 결론을 제시하고 있다.

2. 생산성 개념 및 측정방법[22)]

생산성은 생산요소의 투입물(input)과 산출물(output)과의 관계를 나타내는 것으로 투입물에 대한 산출물의 비율(ratio)로 정의된다. 따라서 생산성의 변화는 투입물과 산출물의 변화에 의해서 결정된다. 산출물의 증가가 투입물의 증가보다 클 때, 산출물은 일정하나 투입물의 변화가 감소될 때 생산성은 증가하고 이와 반대의 경우는 하락하게 된다. 산출물의 증가가 투입물의 증가보다 크다는 사실은 투입물의 효율적 사용을 의미하기 때문에 생산성이란 생산과정에서 사용된 투입물의 생산효율성(production efficiency)이라고 할 수 있다.[23)]

산출물과 투입물의 비율로 정의되는 생산성의 측정은 개념상으로는 간단하게 보이나 투입물과 산출물을 어떻게 정의하고 투입물과 산출물과의 관계를 어떻게 규정하는가에 따라 생산성의 개념이 달라지고 측정상의 여러 가지 복잡한 문제가 생길 수 있다.

생산성 측정을 위해서 많이 이용되는 방법으로는 노동과 자본 등의 단일요소생산성(partial factor productivity, PFP)과 총요소생산성(total factor productivity, TFP)이 있다. 단일요소생산성은 측정상 편리함 때문에 많이 이용된다. 실질생산액을 단일요소인 노동투입량 또는 자본투입량으로 나눈 평균노동생산성지수 또는 평균자본생산성지수의 개념이 대표적인 것이다. 그러나 이러한 단일요소생산성은 다른 생산요소의 결합관계에 의해서도 영향을 받기 때문에 생산과정에서 발생하는 전반적인 효율성 향상을 나타내는 지표로는 적합하지 않다.

예를 들어 평균노동생산성지수가 노동에서 자본으로의 대체, 기술진보

---

22) Cowing and Stevenson(1981), 문희화 외(1991), 홍성덕·김정호(1996), Good *et al.*(1997) 참조.

23) Kendrick(1961), 문희화 외(1991)에서 재인용.

에 따른 자본의 효율적인 이용, 규모의 경제, 숙련된 노동의 증가 등으로 생산성의 증가가 발생한다고 볼 수 있으나 이러한 요인에 의한 생산성 증가를 설명하기 어렵다. 따라서 생산과정에 대한 전체적인 효율성 향상의 정도를 측정하기 위해서는 모든 생산요소가 결합된 것을 동시에 감안한 총요소생산성 개념이 유용하다고 할 수 있다.

단일투입요소만을 고려하지 않고 여러 투입요소를 동시에 고려한 생산성을 총요소생산성이라고 한다. 다시 말하면 총요소생산성은 결합된 노동과 자본의 단위당 산출물로 정의할 수 있다. 총요소생산성 개념에 의한 생산성의 향상은 생산함수의 상향이동으로 나타나게 되는데 순수한 의미에서의 기술진보보다는 넓은 의미에서 설명되어야 한다. 즉 총요소생산성 개념에 의한 생산성 향상은 기술변화, 근로자의 교육 및 훈련, 경영조직과 노사관계의 개선, 기계설비의 개선 등 노동과 자본의 양적 투입 이외의 여러 가지 질적 요인까지 포함하여 종합적으로 영향을 받는다고 볼 수 있다.

이러한 측면에서 총요소생산성의 증가는 자본이나 노동의 투입증가로는 설명할 수 없는 기타요인에 의해서 결정된다는 의미에서 '설명되지 않는 잔차(unexplained residual)', '무지의 척도(measure of ignorance)'또는 '진정한 생산성 증가의 척도', '지식의 진보(advance of knowledge)'라고도 한다.

총요소생산성 증가율을 측정하는 방법으로는 크게 두 가지로 나누어 설명할 수 있다. 하나는 넓은 의미의 지수접근방법(index number approach)에 의한 접근방법이고 다른 하나는 계량경제학적 접근방법으로 일정한 생산함수를 설정하여 통계 자료를 가지고 생산함수를 계량적으로 추정하는 방법이다.

지수접근방법에 의한 총요소생산성 증가율 추정방법은 투입물지수와 산출물지수의 추정을 통한 방법으로 생산기술에 대한 계량경제학적 설정과 추정을 요구하지 않는 장점이 있다. 또한 계량경제학적 모형보다 상대적으로 엄한 가정을 전제로 하지 않기 때문에 보다 현실적일 뿐만 아니라 일반적인 경우에도 적용 할 수 있는 장점이 있다. 이러한 지수접근방법 중에서 총요소생산성 증가율에 추정에 많이 사용되는 방법으로는 Kendrick의 산술평균지수방법(arithmetic measure index method), Solow의 기하평균지수방법(geometric measure index method), Denison과 Jorgenson의 성장회계방법(growth accounting method)이 있다.

그러나 지수접근방법에 의한 총요소생산성 증가율의 추정은 규모의 경제(scale of economics), 투입물 간의 대체에 의해서 나타나는 기술적 변화를 구분하기 어렵다는 문제점을 있다. 또한 방법론에서 비확률적인 방법을 사용하기 때문에 추정치의 신뢰도를 자료에 의해서 검정할 수 없다는 문제점을 가질 수 있다.

계량경제학적 접근방법은 생산함수를 명시적으로 설정해서 생산함수의 추정치 또는 주요 특성을 총요소생산성 증가에 직접 연결하여 설명하는 방법이다. 이러한 계량경제학적 접근방법은 총요소생산성 증가율 추정과정에서 생산함수 추정으로 생산기술의 특징을 추출해 낼 수 있다는 장점을 가진다고 볼 수 있다.

계량경제학적 접근방법으로 신고전학파적 생산함수의 범주에서 이론적인 면에서나 실증분석 면에서 응용된 발전은 쌍대이론(duality theory)에 기초한 비용함수모형이 있다.[24] 비용함수는 최소의 비용과 주어진 산출물과 투입물가격 간의 유일한 관계를 나타내고 있으며 경쟁적 투입 시장에 직면한 비용을 극소화하는 기업의 총비용과 산출 간의 관계를 나타낸다.

즉 쌍대이론은 비용최소화의 가정하에서 비용함수와 생산함수가 서로 기술적 특징이 같다는 비용함수와 생산함수 간의 쌍대성에 기초하고 있다. 쌍대성에 기초한 비용함수를 이용한 총요소생산성 증가율의 변동요

---

24) Shephard(1970), McFadden(1978) 참조.

인을 규모의 경제, 투입물 간의 대체, 기술적 변화 등으로 분해하여 설명할 수 있다. 쌍대이론에서의 이론적 발전과 함께 Cobb-Douglas 함수나 CES (Constant Elasticity of Substitution)함수 형태보다 제약이 상대적으로 적은 초월대수(trans-log), 2차형식(quadratic), 일반화된 Leontief 함수 등과 같이 일반적이고 탄력적인 모형이 설정되고 개발되어 왔다.

본 연구에서는 지수접근방법으로 생산성을 추계하고 있으며, 환경규제 강화의 생산성 효과를 분석하기 위해 생산함수와 쌍대관계에 있는 비용함수를 초월대수비용함수로 추정하여 생산성을 분해하였다.

3. 추정모형

1) 총요소생산성 추정

생산성은 투입물에 대한 산출물의 비율이므로 총요소생산성은 다음과 같은 식으로 나타낼 수 있다.

$$TFP = \frac{Q}{F},\qquad\qquad\qquad (\text{II}-1)$$

여기서 Q는 전체 산출물, F는 전체 투입물을 나타낸다.

따라서 $TFP = Q/F$이므로, 총요소생산성 증가율($\dot{TFP}$)은 다음과 같이 나타낼 수 있다.

$$\dot{TFP} = \dot{Q} - \dot{F},\qquad\qquad\qquad (\text{II}-2)$$

여기서 $\dot{Q}$, $\dot{F}$ 는 전체 산출물과 전체 투입물의 증가율을 나타낸다.

생산성 분석에서 복수의 산출물(혹은 투입물)을 한 개의 산출(혹은 투입) 총계(aggregation)로 지수(index)화하는 가장 설득력 있는 방법은 Divisia지수[25]로 알려져 있다. 전체 산출물(Q)과 전체 투입물(F)의 증가율 $\dot{Q}$, $\dot{F}$ 에 대한 Divisia지수는 다음과 같이 나타낼 수 있다.

$$\dot{Q} = \sum_i \frac{P_i Q_i}{R} \dot{Q}_i , \qquad\qquad (\text{Ⅱ}-3)$$

여기서 P_i는 i산업의 산출물가격이고 Q_i는 i산업의 산출량, $\dot{Q}_i$는 i산업의 산출물 증가율이며 $R = \sum P_i Q_i$는 총산출액을 나타낸다.

또한 투입물의 증가율은 다음과 같다.

$$\dot{F} = \sum_j \frac{w_j X_j}{C} \dot{X}_j , \qquad\qquad (\text{Ⅱ}-4)$$

여기서 w_j는 j산업의 투입물가격이고 X_j는 j산업의 투입물의 양, $\dot{X}_j$는 j산업의 투입물 증가율, $C = \sum w_j X_j$는 총투입액을 나타낸다.

식(Ⅱ-1), (Ⅱ-2), (Ⅱ-3), (Ⅱ-4)로부터 총요소생산성 증가율은 다음과 같다.

---

25) 생산성을 추계하는 데 있어서 Divisia지수가 사용되는 이유는 Richer(1966)에 의하면 등량곡선상에서 생산요소가 시간에 따라 이동할 경우 수량지수는 불변이 되어야 하는데 이러한 불변성공리(invariance axiom)를 만족하는 지수가 Divisia지수임을 밝혔다. 또한 Hulten(1973)은 Divisia지수가 선형적분(line integral)이기에 경로의존성(path dependent) 문제를 지적하면서 경로독립적(path independent) Divisia지수의 필요충분조건으로 집계함수의 존재, 집계함수의 선형동차성(linear homogenity), 최적화 일차조건(the existence of an observable price normal at each point)의 세 가지 조건을 제시하였다(최기홍, 2001).

$$TFP = \sum_i \frac{P_i Q_i}{R} \dot{Q}_i - \sum_j \frac{w_j X_j}{C} \dot{X}_j, \qquad (\text{II}-5)$$

한편 단일요소생산성(PFP) 및 단일요소생산성 증가율($\dot{PFP}$)은 개별투입물(F_j)에 대한 전체 산출물(Q)의 비율 및 비율의 증가율로 다음과 같이 정의된다.

$$PFP = \frac{Q}{F_j}, \qquad \dot{PFP} = \dot{Q} - \dot{F}_j. \qquad (\text{II}-6)$$

개별생산의 총투입이 자본(K), 노동(L), 중간투입(M)으로 구성되어 있다고 하면 총투입물 증가율은 다음과 같이 나타낼 수 있다.

$$\dot{F} = a_K \cdot \dot{K} + a_L \cdot \dot{L} + a_M \cdot \dot{M}, \qquad (\text{II}-7)$$

$$a_K = \frac{P_K K}{P_K K + P_L L + P_M M}, \quad a_L = \frac{P_L L}{P_K K + P_L L + P_M M},$$

$$a_M = \frac{P_M M}{P_K K + P_L L + P_M M}.$$

여기서 a_K , a_L , a_M 은 각각 총투입물 중에서 자본, 노동, 중간투입물이 차지하는 비중을 나타내며 P_K , P_L , P_M 은 각각 자본가격, 노동가격, 중간투입물가격을 나타낸다.

개별산업의 자본, 노동, 중간투입물을 이용한 전체산업에 대한 총투입물지수는 개별산업의 자본비용, 노동비용, 중간투입비용을 각각의 총비용에 대한 가중치를 구하여 총투입지수를 식 (II-8)과 같이 계산한다.

$$\dot{F} = a_K \sum a_{rj} \dot{K}_j + a_L \sum a_{wj} \dot{L}_j + a_M \sum a_{mj} \dot{M}_j, \qquad (\text{II}-8)$$

$$\alpha_{rj} = \frac{P_{rj}K_j}{\Sigma P_{rj}K_j} \quad , \alpha_{wj} = \frac{P_{wj}L_j}{\Sigma P_{wj}L_j} \quad , \alpha_{mj} = \frac{P_{rj}M_j}{\Sigma P_{mj}M_j} \quad .$$

여기서 $\alpha_{rj}, \alpha_{wj}, \alpha_{mj}$는 각각 총자본비용에서 j산업의 자본비용이 차지하는 비중, 총노동비용에서 j산업의 노동비용이 차지하는 비중, 총중간투입비용에서 j산업의 중간투입비용이 차지하는 비중을 나타낸다.

따라서 총투입이 자본(K), 노동(L), 중간투입(M)으로 구성되어 있는 경우 전체 산업에 대한 총요소생산성 증가율은 식 (Ⅱ-9)와 같이 나타낼 수 있다.

$$T\dot{F}P = \sum_i \frac{P_iQ_i}{R}\dot{Q}_i - [\,\alpha_K\sum_j \alpha_{rj}\dot{K}_j + \alpha_L\sum_j \alpha_{wj}\dot{L}_j + \alpha_M\sum_j \alpha_{mj}\dot{M}_j].\qquad (\text{Ⅱ}-9)$$

Divisia지수는 가격과 수량에 대한 연속함수를 가정하여 도출된다. 그러나 본 연구에서 이용하는 자료는 이산 자료(discrete data)이기 때문에 연속적인 Divisia 지수로 근사하여 나타낼 필요가 있다. 이것의 일반적인 방법이 Tornqvist지수[26]를 이용하는 것이다. 산출물과 투입물에 대한 Tornqvist지수는 식 (Ⅱ-10), (Ⅱ-11)과 같다.

$$\ln Q_t - \ln Q_{t-1} = \frac{1}{2}\sum_i (r_{it} + r_{it-1})(\ln Q_{it} - \ln Q_{it-1}) \ , \qquad (\text{Ⅱ}-10)$$

이때 $\ln Q_{it}$는 i산업의 t기에서의 산출물량, $r_{it} = P_{it}Q_{it} \,/\, \sum P_{it}Q_{it}$는 t기의 총산출액에서 i산업의 산출액이 차지하는 비중을 나타낸다.

---

26) Diewert(1976)는 지수(index)가 효용, 비용, 수입, 생산, 이윤, 변형(transformation) 함수로부터 도출될 수 있다면 지수가 "exact"하다고 하였고, 함수형태가 신축적 (flexible)이라면 즉 이차미분근사(second order local approximation) 할 수 있다면 "exact"지수는 "superlative"하다고 하였다. 일반적으로 많이 사용하는 Tornqvist지수는 초월로그생산함수로부터 도출될 수 있다는 점에서 "superlative"하다.

$$\ln F_t - \ln F_{t-1} = \frac{1}{2} [\sum_j (\alpha_{rjt} + \alpha_{rjt-1})(\ln K_{jt} - \ln K_{jt-1})$$
$$+ \sum (\alpha_{wjt} + \alpha_{wjt-1})(\ln L_{jt} - \ln L_{jt-1})$$
$$+ \sum (\alpha_{mjt} + \alpha_{mjt-1})(\ln M_{jt} - \ln M_{jt-1})] , \quad (\text{II}-11)$$

여기서 α_{rjt} , α_{wjt} , α_{mjt}는 t기의 총자본비용에서 j산업의 자본비용이 차지하는 비중, 총노동비용에서 j산업의 노동비용이 차지하는 비중, 총중 간투입비용에서 j산업의 중간투입비용이 차지하는 비중을 나타낸다. 전체 산업에 대한 투입물에 대한 Tornqvist지수는 다음과 같다.

$$\ln F_t - \ln F_{t-1} = \frac{1}{2} [\overline{\alpha_K} \sum_j (\alpha_{rjt} + \alpha_{rjt-1})(\ln K_{jt} - \ln K_{jt-1})$$
$$+ \overline{\alpha_L} \sum (\alpha_{wjt} + \alpha_{wjt-1})(\ln L_{jt} - \ln L_{jt-1})$$
$$+ \overline{\alpha_M} \sum (\alpha_{mjt} + \alpha_{mjt-1})(\ln M_{jt} - \ln M_{jt-1})] , \quad (\text{II}-12)$$

$$\overline{\alpha_K} = \frac{1}{2} [\alpha_{Kt} + \alpha_{Kt-1}]$$
$$\overline{\alpha_L} = \frac{1}{2} [\alpha_{Lt} + \alpha_{Lt-1}]$$
$$\overline{\alpha_M} = \frac{1}{2} [\alpha_{Mt} + \alpha_{Mt-1}].$$

여기서 α_{Kt} , α_{Lt} , α_{Mt}는 각각 t기의 총투입물 중에서 자본, 노동, 중간 투입물이 차지하는 비중을 나타낸다. 따라서 식 (II -10), (II -12)로부터 전체 산업의 총요소생산성 증가율을 추계할 수 있다.

2) 비용함수 추정과 총요소생산성 분해[27]

기업이 생산을 하는 과정에서 오염물질을 배출하는 생산기술을 나타

---

27) Denny *et al.*(1981)과 Barberra and McConnell(1990)의 모형을 이용하였다.

내는 것은 식 (Ⅱ-13)과 같이 두 가지 산출물(일반상품과 오염물질)과 세 가지 투입물의 변형함수(transformation function)로 나타낼 수 있다.

$$f(Q, U, K, L, M, T) = 0 ,$$ (Ⅱ-13)

여기서 Q는 산출물, U는 오염물질, K는 자본, L은 노동, M은 중간투입물, T는 시간을 나타낸다.

오염물질 배출이 규제되지 않는다면 기업은 오염물질 배출을 무시하고 생산활동을 한다. 그러나 정부가 오염물질배출에 대한 규제를 한다면 기업은 생산활동으로 인해 발생하는 오염물질을 줄일 수 있는 생산기술을 도입해야 한다. 기업이 정부의 환경규제를 준수하는 수단으로 기업이 오염방지시설(pollution abatement capital)을 설치하고 환경규제를 나타내는 변수로 오염방지시설을 A로 나타내면 오염물질 U에 대한 함수는 다음과 같이 나타낼 수 있다.

$$U = U(A, K, L, M, T).$$ (Ⅱ-14)

식 (Ⅱ-13), (Ⅱ-14)로부터 Q에 대한 함수는 다음과 같이 나타낼 수 있다.

$$Q = Q(A, K, L, M, T).$$ (Ⅱ-15)

생산요소가격, 오염방지시설, 생산수준, 기술수준이 주어진 상태에서 기업이 비용을 극소화한다고 가정하면 식 (Ⅱ-15)는 생산함수와 비용함수의 쌍대관계에 의해 식 (Ⅱ-16)과 같은 비용함수가 존재한다.

$$C = C(Q, P_K, P_L, P_M, A, T).$$ (Ⅱ-16)

여기서 C는 오염방지시설(A)을 준고정투입요소(quasi-fixed input factor)로 취급한 가변비용함수를[28] 나타내며, P_K, P_L, P_M는 각각 자본가격, 노동가격, 중간투입물가격을 나타낸다. 또한 $C = P_K K + P_L L + P_M M$ 이며 비용함수 C는 Q에 대해서 단조적(monotonic)이고 자본가격, 노동가격, 중간투입물 가격 P_K, P_L, P_M에 대해서 일차동차적(linearly homogeneous) 이며 오목(concave)해야 한다.

식 (II-16)은 준고정투입요소인 오염방지시설이 외생적으로 주어졌을 때 가변투입요소인 자본, 노동, 중간투입으로 Q를 생산하기 위한 비용을 나타낸다. 따라서 기업이 환경규제를 준수하기 위해 오염방지시설을 도입하는 경우 Q를 생산하기 위한 총비용함수는 식 (II-17)과 같이 나타낼 수 있다.

$$C^* = C(Q, P_K, P_L, P_M, A, T) + C_A , \qquad (\mathrm{II}-17)$$

여기서 $C_A = P_A A$이며, P_A는 오염방지시설 자본가격을 나타낸다.

오염방지시설에 대한 환경규제의 총요소생산성의 영향을 살펴보기 위해 식 (II-17)을 시간 T에 대해 미분하면 다음과 같이 된다.

$$\frac{dC^*}{dT} = \sum_i \frac{\partial C}{\partial P_i} \frac{dP_i}{dT} + \frac{\partial C}{\partial Q} \frac{dQ}{dT} + \frac{\partial C}{\partial A} \frac{dA}{dT} + \frac{dC}{dT} + \frac{dC_A}{dT} , \qquad (\mathrm{II}-18)$$
$$i = K, \ L, \ M.$$

---

28) 환경규제는 기업으로 하여금 최적가능이용기술(the best available technology, BAT)을 이용하도록 하고 있다. 그러나 기업은 단기에 있어 환경규제의 준수를 위한 최적가능이용기술을 즉각적으로 이용하지 못하고 일정기간 동안의 조정이 필요하다. 이러한 의미에서 오염방지시설은 단기에 있어 고정투입요소의 성격을 갖는다.

여기서 P_i는 i번째 투입물의 가격을 나타낸다.

식 (Ⅱ-18)에서 총비용의 변화는 생산요소가격에 따른 영향, 생산량변동에 따른 영향, 환경규제로 인한 간접효과의 영향, 기술진보의 영향, 환경규제의 직접효과의 영향으로 분해할 수 있다. 식 (Ⅱ-18)을 총비용 C^*로 나누고 셰퍼드정리(Shepard's Lemma)를 적용하면 식 (Ⅱ-19)와 같다.

$$
\frac{1}{C^*}\frac{dC^*}{dT} = \sum \frac{P_i X_i}{C^*}\frac{1}{P_i}\frac{dP_i}{dT} + \frac{\partial C}{\partial Q}\frac{Q}{C^*}\frac{1}{Q}\frac{dQ}{dT} + \frac{1}{C^*}\frac{\partial C}{\partial A}\frac{dA}{dT}
$$
$$
+ \frac{1}{C^*}\frac{\partial C}{\partial T} + \frac{1}{C^*}\frac{dC_A}{dT} , \qquad (\text{Ⅱ-19})
$$
$$
i = K, \ L, \ M.
$$

여기서 X_i는 i 번째 투입물의 양을 나타낸다.

한편 식 (Ⅱ-19)를 정리하면 식 (Ⅱ-20)이 도출된다.

$$
\frac{dlnC^*}{dT} = \sum \frac{P_i X_i}{C^*}\frac{1}{P_i}\frac{dlnP_i}{dT}P_i + \frac{\partial C}{\partial Q}\frac{Q}{C^*}\frac{dlnQ}{dT} + \frac{1}{C^*}\frac{\partial C}{\partial A}A\frac{dlnA}{dT}
$$
$$
+ \frac{C}{C^*}\frac{1}{C}\frac{\partial C}{\partial T} + \frac{C}{C^*}\frac{1}{C}\frac{dC_A}{dT}
$$

$$
= \sum \frac{C}{C^*}\frac{P_i X_i}{C^*}\frac{dlnP_i}{dT} + \frac{C}{C^*}\frac{\partial C}{\partial Q}\frac{Q}{C}\frac{dlnQ}{dT} + \frac{C}{C^*}\frac{\partial C}{\partial A}\frac{A}{C}\frac{dlnA}{dT}
$$
$$
+ \frac{C}{C^*}\frac{1}{C}\frac{\partial C}{\partial T} + \frac{C_A}{C}
$$

$$
\qquad (\text{Ⅱ-20})
$$

또한 식 (Ⅱ-20)을 정리하면 식 (Ⅱ-21)을 얻을 수 있다.

$$
\frac{dlnC^*}{dT} = S_C \left(\sum S_i \frac{dlnP_i}{dT} + \varepsilon_{CQ}\frac{dlnQ}{dT} + \varepsilon_{CA}\frac{dlnA}{dT} + \frac{\partial \ln C}{\partial T} \right)
$$
$$
+ S_A \frac{dlnC_A}{dT} , \qquad (\text{Ⅱ-21})
$$

$$S_C = \frac{C}{C^*}, \quad S_A = \frac{C_A}{C^*}, \quad S_i = \frac{P_i X_i}{C}, \quad \varepsilon_{CA} = \frac{\partial \ln C}{\partial \ln A}, \quad \varepsilon_{CQ} = \frac{\partial \ln C}{\partial \ln Q}.$$

총요소생산성 증가율을 투입요소가격과 산출물 증가로 설명되지 않는 비용의 증가로 정의하면, 총요소생산성 증가율은 다음과 같이 나타낼 수 있다.

$$T\hat{F}P = -\frac{dlnC^*}{dT} + \sum S_i \frac{dlnP_i}{dT} + \frac{dlnQ}{dT} \qquad (\text{II}-22)$$

총요소생산성 정의와 규모의 보수불변(constant returns to scale)[29]을 가정하고, 식 (II-21)을 식 (II-22)에 대입하여 정리하면, 총요소생산성 증가율을 식 (II-23)과 같이 나타낼 수 있다.

$$T\hat{F}P = S_A (\sum_i S_i \frac{dlnP_i}{dT} - \hat{Q}) - S_C \, \varepsilon_{CA} \, \hat{A} - S_C \hat{C} - S_A \hat{C}_A, \qquad (\text{II}-23)$$

$$S_C = \frac{C}{C^*}, \quad S_A = \frac{C_A}{C^*}, \quad \varepsilon_{CA} = \frac{\partial \ln C}{\partial \ln A}, \quad \hat{C} = \frac{dlnC}{dT},$$

$$\hat{C}_A = \frac{dlnC_A}{dT}, \quad \hat{Q} = \frac{dlnQ}{dT}, \quad \hat{A} = \frac{dlnA}{dT}.$$

여기서 S_C는 총비용에서 가변비용이 차지하는 비율, S_A는 총비용에서 오염방지시설 자본비용이 차지하는 비율, $\hat{C}$ 는 가변비용의 증가율, $\hat{C}_A$는 오염방지시설 자본비용의 증가율, ε_{CA}는 환경규제의 비용탄력성, ε_{CQ}는 규모의 비용탄력성, $\hat{A}$ 는 오염방지시설 증가율을 나타낸다.

---

29) Haxilla and Kopp(1982)는 산업별 자료를 이용하여 비용함수를 추정하는 경우 규모의 불변보수와 기술적 변화가 없다는 제약을 하지 않고 추정하게 되면 일반적으로 비용함수의 오목성, 단조성 조건을 만족하지 않게 추정되는 것으로 밝혔다. 본 연구에서는 규모에 대한 보수불변을 가정하고 추정하였으며, 기술적 변화에 대한 가설검정을 하였다.

식 (Ⅱ-23)은 총요소생산성의 변화가 네 가지 요인에 의해서 분해될 수 있는 것을 나타낸 것이다. 첫 번째 항은 산출물효과를 나타낸 항으로 규모의 경제, 규모의 비경제를 나타내는데, 규모의 보수불변에서는 이 항은 사라진다.

두 번째 항은 오염방지시설 설치가 생산성에 영향을 주는 간접효과를 나타내는 항이다. 기업이 환경규제를 준수하기 위해 오염방지시설을 도입하는 경우 생산적 투입요소(자본, 노동, 중간투입물)의 수요와 투입요소 간의 결합에 영향을 주게 되어 생산성의 변화를 가져오는데 생산성이 향상 될 수도 있고 생산성이 감소할 수도 있다.

예컨대, 새로운 오염방지시설 도입으로 기존의 낡은 자본설비의 교체가 빨리 이루어져 자본설비에 대한 투자가 증가해 생산성이 향상될 수 있다. 반면, 오염방지시설 도입으로 생산을 위해 투입되었던 노동과 에너지의 투입이 오염방지시설로 전환이 이루어져 생산성이 감소할 수 있다.

세 번째 항은 기술변화에 따른 생산성 변화를 나타내는 항이다. 네 번째 항은 오염방지시설 설치가 생산성에 영향을 주는 직접효과를 나타내는 항으로 오염방지시설 도입에 따라 비용의 증가를 나타내는 항이다. 생산성에 영향을 주는 직접효과는 오염방지시설의 비용이 증가함에 따라 생산성이 감소하게 되고 오염방지시설의 비용이 감소함에 따라 증가하게 된다.

생산성 결정요인에 대한 실증분석을 위해 초월대수비용함수를 이용하여 추정하였으며, 초월대수비용함수는 다음과 같다.[30]

---

30) 본 연구에서 이용하는 자료는 패널 자료이다. 패널 자료를 이용하여 추정하는 경우 생길 수 있는 편의(bias)를 제거하기 위해 개별 횡단면 특성을 반영하는 산업더미변수(dummy variable)를 포함하여 추정하였다. 또한 시간변화에 따른 증가율을 살펴보기 위해서 시간변수 T를 고려하였다. lnT을 고려하는 경우 시간의 탄력성을 나타낸다.

$$\ln C = \beta_0 + \sum_i \beta_i \ln P_i + 0.5 \sum_i \sum_j \gamma_{ij} \ln P_i \ln P_j + \beta_T T + 0.5 \gamma_{TT} T^2 +$$
$$\beta_A \ln A + 0.5 \gamma_{AA} \ln A^2 + \gamma_{AT} \ln AT + \ln Q + \sum_i \gamma_{iA} \ln P_i \ln A + \sum_i \gamma_{iT} \ln P_i T$$
$$i, j = K, \ L, \ M. \qquad\qquad\qquad (\text{II}-24)$$

비용함수가 잘 정의(well-defined)된 생산기술을 반영하기 위해서는 식 (II-25)의 정규조건(regularity conditions)들을 만족해야 한다. 즉 Slutsky의 대칭성조건(symmetricity condition)과 투입물가격에 대해 1차 동차성을 만족해야 하므로 식 (II-25)의 제약조건이 필요하다.

$$\gamma_{ij} = \gamma_{ji}, \ \sum_i \beta_i = 1, \ \sum_i \gamma_{ij} = \sum_j \gamma_{ji} = 0, \ \sum_i \gamma_{iA} = \sum_i \gamma_{iQ} = \sum_i \gamma_{iT} = 0,$$
$$i, j = K, L, M \qquad\qquad\qquad (\text{II}-25)$$

기술진보(technical progress)를 나타내는 시간의 변화에 대한 비용의 증가율은 식 (II-26)과 같다.

$$\frac{\partial \ln C}{\partial T} = \beta_T + \gamma_{TT} T + \gamma_{AT} \ln A + \sum_i \gamma_{iT} \ln P_i. \qquad\qquad (\text{II}-26)$$

한편, 환경규제에 대한 비용탄력성은 식 (II-27)과 같이 나타낼 수 있다.

$$\frac{\partial \ln C}{\partial \ln A} = \beta_A + \gamma_{AA} \ln A + \sum_i \gamma_{Ai} \ln P_i + \gamma_{AT} T. \qquad\qquad (\text{II}-27)$$

식 (II-26), (II-27)을 식 (II-23)에 대입하여 정리하면, 식 (II-23)으로부터 다음과 같은 추정식을 구할 수 있다.

$$Z = \beta_T + \beta_{TT} T + \beta_{AT} \ln A + \sum \beta_{TT} \ln P_i$$

$$+ (\beta_A + \beta_{AA} \ln A + \beta_{AT} T + \sum \beta_{iA} \ln P_i) \ln [A/A(-1)], \qquad (Ⅱ-28)$$

여기서 $Z = -\dfrac{T\acute{F}P}{S_C} - \dfrac{S_A}{S_C}(\dfrac{d\ln C_A}{dT} - \dfrac{d\ln Q}{dT} - \sum \dfrac{d\ln P_i}{dT})$ 이다.

식 (Ⅱ-28)을 추정하면, 총요소생산성에 대한 세 가지 결정요인(기술변화효과, 환경규제의 직접효과, 간접효과)을 분리할 수 있다. 그러나 식 (Ⅱ-28)을 추정하는 데 있어 다음과 같은 추정상의 문제점이 발생한다. 첫째, 추정해야 할 계수가 많아 자유도에 문제가 생길 수 있다.

둘째, 식 (Ⅱ-21)만을 추정하게 되면 추정계수가 비용함수의 단조성, 볼록성을 만족하는 비용함수로 도출되었는지에 대해 분명하지 않을 수 있다. 이러한 추정상의 두 가지 문제점을 해결하기 위해 식 (Ⅱ-24)의 비용함수와 투입요소의 비용몫 방정식(share equation)을 연립하여 추정하면 된다. 식 (Ⅱ-24)로부터 셰퍼드정리를 이용하여 식 (Ⅱ-29)의 투입요소의 비용몫 방정식 S_i를 구할 수 있다.[31]

$$S_i = \frac{\partial \ln C}{\partial \ln P_i} = \beta_i + \sum \gamma_{ij} \ln P_j + \gamma_{iA} \ln A + \gamma_{iT} T,$$

$$i, j = K, L, M. \qquad (Ⅱ-29)$$

식 (Ⅱ-24), (Ⅱ-28), (Ⅱ-29)를 추정하는 데 있어 효율적인 추정량을 구하기 위해 식 (Ⅱ-25)의 제약조건하에서 Zeller의 SUR(seemingly unrelated regression)모형을 이용하여 추정하였다.

이때, 비용함수를 추정하는 데 있어 제약조건에 의해 비용점유율 방정

---

31) $X_i = \partial C / \partial p_i$, $\partial \ln C / \partial \ln p_i = (\partial C / \partial p_i) \cdot (p_i / C) = p_i X_i / C = S_i.$

식의 교란항의 합 $\sum \epsilon_i$은 0이 된다. 교란항의 합이 0이 되는 경우 교란
항의 분산 - 공분산행렬(variance-covariance matrix)이 특이행렬(singular
matrix)이 되기 때문에 이 문제를 해결하기 위해 임의의 비용점유율 방
정식을 추정대상에서 제외하여 추정해야 하는데 일반적으로 어느 비용몫
방정식을 제외하더라도 추정결과는 같다.[32] 본 연구에서는 중간투입물
비용몫 방정식을 제외하여 추정하였다.[33]

4. 실증분석 자료

1) 자료의 특성 및 산업분류의 일치

본 연구에서 사용하는 자료는 한국표준산업분류(Korean Standard Industry
Classification, KSIC) 기준 제조업 13개 산업[34]의 횡단면 자료(cross section
data)와 1983년도부터 1997년까지의 15년 동안의 시계열 자료(time series
data)를 결합한(pooling) 패널 자료(panel data)이다.

실증분석에 사용된 자료는[35] 생산량, 생산요소(자본, 노동, 중간투입

---

32) Barten(1969)은 최우추정법(maximum likelihood estimation, MLE)으로 추정한
추정량은 어느 비용몫 방정식을 제외하여 추정하더라도 추정결과가 동일하게 나
옴을 보였다. Kmenta and Gilbert(1968)는 Iterative-Zeller방법으로 추정한 추정
치는 MLE 추정치로 수렴하는 것을 보였다. 따라서 어느 비용몫 방정식을 제외하
더라도 추정결과는 동일하게 변하지 않는다(Christensen and Greene, 1976, p.663
에서 재인용).

33) STATA 7.0 프로그램을 이용하여 추정하였다.

34) 13개 산업은 다음과 같다. 음식료 및 담배, 섬유·의복·가죽, 목재 및 나무제
품, 펄프·종이·인쇄, 화합물과 석유, 비금속, 제1차 금속, 조립금속, 기계 및
장비, 전기·전자, 운수장비, 의료·정밀·광학기기 및 시계, 기타 제조업.

35) 비용함수 추정에 이용된 자료 중에서 목재 및 나무제품 제조업, 의료, 정밀, 광
학기기 및 시계 제조업, 기타 제조업의 경우 오염방지시설 투자액에 대한 자료
가 많은 부분이 누락이 되어 비용함수 추정에서 이들 산업은 제외하고 추정하

물) 비용, 생산요소 투입량, 오염방지시설 투자액이다. 생산량, 자본비용, 노동비용, 중간투입비용, 자본투입, 노동투입은 통계청의 『광공업통계조사』를 이용하였다. 중간투입은 한국은행의 『산업연관표』를 이용하였으며 오염방지시설 투자액은 산업은행의 『설비투자계획조사』를 이용하였다.[36]

1983년도부터 1997년까지의 연도별 『광공업통계조사』를 이용하는 데 있어 발생할 수 있는 문제로 『광공업통계조사』의 산업분류는 한국표준산업분류 체계를 따르고 있는데 1983년부터 1997년 기간 동안 한국표준산업분류는 두 번(1984, 1991년)의 개정이 이루어졌기 때문에 산업분류의 일관성을 유지하지 못한다.

이러한 문제점을 해결하기 위해서 산업분류를 일치시키는 작업을 수행하였다. 산업분류의 일관성을 유지하기 위해 1984년을 기준으로 재분류하였다.[37] 1984년 기준 표준산업분류에서는 중분류 기준으로 제조업을 9개 산업으로 분류하고 있으며, 1991년 기준 표준산업분류에서는 제조업을 중분류 기준 23개 산업으로 분류하고 있다. 일반적으로 1984년 중분류 산업과 1991년 중분류 산업이 일치하였다. 그러나 몇몇 산업의 경우에는 1991년의 세세분류산업과 1984년의 중분류산업을 일치시켜야 했다.

예를 들어 1991년의 중분류 기준 재생재료가공 처리업(37) 중에서 섬유 및 종이재료가공 처리업(37201)은 1984년 중분류 기준 섬유·의복·가죽산업(32)에도 포함되고 나무 및 나무제품 산업(33)에도 포함되어 있어 37201 산업을 분할하여 집계하였다. 또한 1991년의 중분류 기준 재생재료가공 처리업(37) 중에서 폐프라스틱 및 고무재생재료 가공처리업

였다.
36) 환경오염방지지출 통계는 한국은행, 산업은행, 상공회의소에서 작성하고 있는데 한국은행과 상공회의소는 1992년부터 추계를 하고 있어 자료가 부족하다. 또한 한국은행의 환경오염방지지출 통계는 제조업을 세분화하여 공표하고 있지 않고 있어 이용상에 어려움이 있다.
37) 1984년도를 기준으로 한 이유는 산업은행의 『설비투자계획조사』의 산업분류가 1984년도 개정 한국표준산업분류로 분류되어 있기 때문이다.

(37202)과 비금속재생재료 가공처리업(37209)은 1984년 중분류 기준으로 화학물과 화학·석유·석탄·고무 및 플라스틱 산업(35)로 분류하였다.

이와 같은 방법을 이용하여 1984년과 1991년의 표준 산업분류를 산업별로 일치시켰다. 이에 대한 결과를 〈표 Ⅱ-1〉에 제시하고 있다. 1984년 표준산업분류 기준 『광공업통계조사』는 표준산업분류에 의해 중분류 기준 9개 산업으로 제조업을 구분하고 있는데[38] 본 연구에서는 연구의 목적상 환경규제의 산업별 효과를 세부적으로 살펴보기 위해 9개 산업을 13개 산업으로 세분화하여 분석하였다.[39]

한편 『광공업통계조사』와 『산업연관표』 자료를 동시에 이용하는 경우 발생할 수 있는 문제로 『광공업통계조사』의 산업분류와 『산업연관표』의 산업분류 기준이 서로 일치하지 않는다는 점을 들 수 있다. 이러한 문제점을 해결하기 위해 『산업연관표』의 산업분류 기준을 『광공업통계조사』 산업분류기준으로 재분류 할 필요가 있어 13개 산업에 대해서 산업분류를 일치시키는 작업을 수행하였다. 이에 대한 결과를 〈표 Ⅱ-2〉에 제시하고 있다.

또한 『산업연관표』는 연간 자료의 형태로 발행되지 않기 때문에[40] 『산업연관표』가 제공되지 않는 년도의 자료를 구축하기 위해서 직선보간 방식을 이용하여 1984, 1989, 1991~1992, 1994, 1996~1997년의 자료를 추계하였다.

---

38) 9개 세부산업은 음식료품 및 담배, 섬유·의복 및 가죽제품, 나무 및 나무제품, 종이·종이제품·인쇄·출판, 화학·석유·석탄·고무·플라스틱제품, 비금속광물제품(석유 및 석탄제품 제외), 제1차 금속제품, 조립금속제품·기계 및 장비, 기타 제조업이다.

39) 〈표 Ⅱ-1〉 참조.

40) 우리나라에서 산업연관표는 1963, 1966, 1970, 1975, 1980, 1985, 1990, 1995년의 실측표와 1968, 1973, 1978, 1983, 1986, 1987, 1988, 1993, 1998년의 연장표가 작성되었다.

⟨표 II-1⟩ 『광공업통계조사』의 산업분류 일치

산 업	표준산업분류(1984)	표준산업분류(1991)
음식료품 및 담배 제조업	31	15, 16
섬유, 의복, 가죽 제조업	32	17, 18, 19, 37201(일부)
나무 및 나무제품 제조업 (가구포함)	33	20, 36102, 36103, 36104 36105, 36109, 37201(일부)
펄프, 종이, 인쇄, 출판 제조업	34	21, 22
화합물과 화학, 석유, 석탄, 고무 및 플라스틱 제조업	35	23, 24, 25, 36106, 37202, 37209
비금속 광물제품 제조업	36	26
제1차 금속제품 제조업	37	27, 371
조립금속 제조업	381	28, 36101
기계 및 장비제조업	382	29(293 제외), 30
전기, 전자기기 제조업	383	31, 32, 293
운수장비 제조업	384	34, 35
의료, 정밀, 광학기기 및 시계 제조업	385	33
기타 제조업	39	369

⟨표 Ⅱ-2⟩ 『광공업통계조사』와 『산업연관표』의 산업분류 일치

한국표준산업분류(1984)	산업연관표			
	기본분류 ('80)	기본분류 ('85)	기본분류 ('90)	기본분류 ('95)
음식료품 및 담배 제조업	59-98	52-91	51-93	46-88
섬유, 의복, 가죽 제조업	99-130	92-128	94-124	89-119
나무 및 나무제품 제조업 (가구포함)	131-138	129-135	125-131	120-125, 296
펄프, 종이, 인쇄, 출판제조업	139-151	136-148	132-145	126-138
화합물과 화학, 석유, 석탄, 고무 및 플라스틱 제조업	152-198	149-199	146-193	139-179
비금속 광물제품 제조업	199-213	200-215	194-209	180-195
제1차 금속제품 제조업	214-236	216-237	210-231	196-216
조립금속 제조업	237-247	238-248	232-245	217-227, 297
기계 및 장비 제조업	248-261	249-266	246-267	228-246, 269-270
전기, 전자기기 제조업	262-286	267-290	268-293	247-268, 271-275
운수장비 제조업	287-299	291-303	298-311	282-295
의료, 정밀, 광학기기 및 시계 제조업	300-303	304-307	294-297	276-281
기타 제조업	304-312	308-316	312-317	298-305

2) 자료의 구축

본 연구에서 이용한 자료는 다음과 같다.

ⅰ) 산출액

생산성을 추계하기 위해서는 산출액(output)에 대한 자료가 필요한데,
산출액은 생산액으로 측정할 수 있고, 생산액에서 중간투입물을 공제한
부가가치기준으로 측정할 수 있다.[41] 본 연구에서는 생산투입물로 자본,
노동, 중간투입물을 이용하였기에 생산액을 기준으로 하여 생산성을 추계
하였다. 생산액 변수(Q)에 대한 자료는 실물단위(physical unit)가 옳겠
지만 자료의 제약으로[42] 화폐단위(monetary unit)인『광공업통계조사』의
명목생산액을 이용하였다. 명목생산액을 실질화하기 위해 한국은행의 산
업별 생산자 물가지수(1990=100)를 이용하여 불변가격기준으로 환산하
였다.

ⅱ) 자본량, 자본비용, 자본가격

제조업의 자본량(capital stock)은 크게 비토지유형고정자산(건물 및
구축물, 기계장비, 운수장비, 공구 및 기구), 토지자산, 재고자산으로 구
성이 된다. 본 연구에서는 자본량(K)을 추계하기 위해 이 세 가지 자산
을 모두 별도로 추계하여 통합하는 방법을 이용하였다.[43]

1983~1997년의 산업별 비토지유형고정자산에 대한 시계열을 추계하
기 위한 자료는 다음과 같이 집계, 정리하였다.

첫째, 1982년의『광공업통계조사』에서 산업별 자산형태별 총고정자산
액(경상가격)을 집계하였으며 자산형태별 구분은 건물과 구축물, 기계
및 공구, 운수장비(차량, 선박 운반구)로 구분하였다. 자산형태를 건물과
구축물, 기계 및 공구, 운수장비(차량, 선박 운반구)의 세 가지로 구분한
이유는 다음과 같다.

---

41) 산출액에 대한 기준이 생산액이냐 부가가치 기준이냐에 대한 논의는 Nortsworthy
   and Malmqist(1983), Yuhn(1991) 참조.
42) 제품별 수량단위가 다르기 때문이다.
43) 김광석·홍성덕(1992), 홍성덕·김정호(1996) 참조.

『광공업통계조사』에서 자산형태별 구분이 1991년까지는 건물 및 구축물, 기계 · 기구 및 장치, 차량 및 운반구의 세 가지 형태로 구분이 되어 있으나, 1992년부터는 건물 및 구축물, 기계장치 · 용광로 · 요, 차량 · 선박 운반구, 공구 · 기구 · 비품 · 기타의 네 가지 형태로 구분이 되어 있어, 1992년 이후의 자료에 대해서는 연도별로 자료의 일관성을 유지하기 위해 기계장치 · 용광로 · 요와 공구 · 기구 · 비품 · 기타를 기계 및 기구로 통합하였다.

둘째, 『광공업통계조사』에서 산업별로 자산형태별 총유형고정자산액의 취득액과 처분액을 집계하였고 취득액과 처분액의 차이인 산업별 총유형고정자산 증가액(경상가격) 즉 투자액을 구하였다. 또한 중고품 자산취득의 경우 『광공업통계조사』에 1989년까지 중고품 자산 취득액이 신규취득액과 구분되어 있으나, 1990년 이후부터는 신규취득액을 통합하여 작성되고 있다. 그런데 『광공업통계조사』에서는 중고품 자산취득액의 경우 1983, 1988년의 경우를 제외하고는 자산형태별로 구분되어 있지 않고 있기 때문에 구분되어 있지 않은 연도는 산업별 비토지유형고정자산 취득의 산업별 비중에 따라 분할하여 집계하였다.

셋째, 경상가격으로 집계한 비토지유형고정자산의 자산형태별 투자액을 불변가격 기준(1990 = 100)으로 실질화 하였다. 실질화를 하기 위해 한국은행 『국민계정』의 자본재형태별 총자본형성에 대한 환가지수(deflator)를 기초로 하여 실질화 하였다.

이상의 세 가지 단계에서 산업별로 자산형태에 따른 실질총유형고정자산액(1982년)을 구하였다. 또한 산업별로 1983~1997년까지의 자산형태별 실질유형고정자산 투자액을 구하였다. 이렇게 구한 실질총유형고정자산액과 실질유형고정자산 투자액을 기초로 하여 1983~1997년까지의 비토지유형고정자산의 실질자본량을 추계하였다. 자본량 추계는 영구재고법(perpetual inventory method)[44]을 이용하였다. 영구재고법으로 자본량을 추계하기 위해서는 초기 자본량의 자료가 필요한데 초기 자본량은 1982년의 산업별 자산형태별 실질총유형고정자산액을 이용하였다.

다음으로 토지자산[45]에 대한 자본량 추계는 『광공업통계조사』에서 1982년의 경상가격기준 산업별 토지자산액을 집계하였다. 또한 1983~1997년에 대해서 토지자산의 취득액과 처분액을 집계하여 연도별 산업별 토지자산 투자액을 집계하였다. 경상가격 토지자산액과 토지자산 투자액을 불변가격 기준으로 실질화 하기 위해 건설교통부의 『건설교통통계연보』에 있는 전국지가변동률을 이용하여 불변가격기준(1990＝100)으로 실질화 하였다. 이렇게 구한 실질토지자산과 실질토지자산 투자를 연결하여 실질토지 자본량을 추계하였다.

비토지유형고정자산 및 토지자산에 대한 자본량 추정방정식은 다음과 같다.

$$K_{ijt} = K_{ijt-1}(1-\delta_j) + I_{ijt} , \qquad (\text{Ⅱ}-30)$$

여기서 i는 산업 j는 토지, 건축 및 구축물, 기계 및 공구, 운수장비를 나타낸다. K_{ij}는 당해연도의 i산업의 j자산형태의 자본량을 K_{ijt-1}는 전기의 i산업의 j자산형태의 자본량을 나타내며, I_{ij}는 당해연도의 i산업의 j자산형태의 투자액을 나타낸다. δ_j는 개별유형고정자산의 감가상각률을 나타낸다.

개별유형고정자산의 감가상각률은 현진권·표학길(1997)이 추정한 감

---

44) 자본량 추계방법은 대표적인 방법으로 직접적인 방법으로는 실사법(survey method)이 있고 간접적인 방법으로는 영구재고법(perpetual inventory method), 기준년도접속법(benchmark-year method) 등이 있다. 각 추정방법에 대한 설명과 장단점은 한국은행(2000) 참조.

45) 토지자산은 비토지유형고정자산과는 다른 성격을 갖는다. 비토지유형고정자산은 재생산이 가능하고 가차의 하락을 수반하지만 토지자산은 이와 같은 성격을 가지고 있지 않다.

가상각률을 이용하였다.[46][47]

재고자산에 대한 자본량 추계는 『광공업통계조사』의 산업별 연말재고 자산액(경상가격)을 이용하였으며, 불변가격으로 실질화 하기 위해 산업별 생산자물가지수를 이용하여 실질화 하였다.

이상과 같이 비토지유형고정자산, 토지자산, 재고자산에 대한 자본량을 각각 추계한 후에 이들을 모두 합하여 산업별 총자본량을 연도별로 추계하였다. 마지막으로 이상에서 구한 총자본량은 연말기준이기 때문에 당해연도의 생산에 투입된 자본량으로 보기에는 적절하지 않아 전년도 말과 당해연도 말의 자본량의 평균을 당해년도 생산에 투입된 자본량으로 사용하였다.

자본비용은 『광공업통계조사』의 감가상각비와 수선비(수리유지비)를 합한 것을 이용하였다. 『광공업통계조사』에서 자본비용을 부가가치액에서 연간급여액을 차감한 것을 이용할 수도 있으나, 『광공업통계조사』에서의 부가가치는 국민계정상의 부가가치와는 산출방법의 차이로 일치하지 않는다. 따라서 부가가치에서 연간급여액을 차감한 것을 자본비용으로 이용하기 부적절하다고 생각되어 감가상각비와 수선비[48]의 합으로 자본비용으로 사용하였다.

『광공업통계조사』의 감가상각비는 자산형태별로 구분되어 있어 경상가격 기준의 감가상각비를 실질화 하기 위해 한국은행 『국민계정』의 자본재형태별 총자본형성에 대한 환가지수를 이용하여 실질화 하였다. 또한 수선비는 한국은행 『국민계정』의 생산자 물가지수에서 가공단계별 물

---

46) 현진권·표학길(1997)의 산업별 경제적 감가상각률의 추정치중 제조업은 기계장치가 17.2%, 선박 13.9%, 차량운반구 29.2%, 공구 및 비품 27.5%로 추정하고 있다.
47) 감가상각률이 산업별로 동일하다고 가정한다.
48) 『광공업통계조사』에서 수선비(수리유지비)에 대한 정의는 "생산활동을 하고 있는 유형고정자산의 정상적인 기능을 유지하기 위하여 지출한 모든 비용을 말한다."이다.

가지수를 이용하여 실질화 하였다.

자본기격(P_K)은 자본비용을 자본량으로 나누어 추계하였다.

iii) 노동, 노동비용, 노동가격

노동투입(L)은 『광공업통계조사』의 산업별 월평균 종사자수(자영업자 및 무급가족종사자 포함)와 노동부의 『직종별 임금실태조사 보고서』와 『노동통계연감』의 산업별 월평균근로시간을 이용하여 총근로시간(total man-hours worked)을 노동투입으로 계산하였다.[49]

노동비용은 『광공업통계조사』의 연간급여액(퇴직금 제외)을 이용하였다. 그런데 『광공업통계조사』의 연간급여액은 피고용자의 보수만 포함이 되었고 자영업주 및 무급가족종사자의 보수는 포함이 되어 있지 않다. 따라서 자영업주 및 무급가족종사자의 노동비용을 구하기 위해 『광공업통계조사』의 연간급여액을 『광공업통계조사』의 총피용자수(＝월평균종사자수 — 자영업주 및 무급가족종사자)로 나누어 피고용자 1인당 평균보수액을 추정하였다.

또한 피고용자 1인당 평균소득과 자영업주 및 무급가족종사자의 1인당 평균소득이 같다고 가정하여 1인당 평균소득에 자영업주 및 무급가족종사자를 곱하여 자영업주 및 무급가족종사자의 노동비용을 산출하였다. 이렇게 구한 자영업주 및 무급가족종사자의 노동비용과 피고용자의 연간급여액을 합하여 노동비용으로 하였다. 실질노동비용을 구하기 위해 소비자 물가지수(1990＝100)로 실질화 하였다.

노동가격(P_L)은 노동비용을 노동투입으로 나누어 산업별 노동가격을 추계하였다.

---

49) 노동투입을 근로자수로 이용하는 경우 평균노동 시간의 차이에 의한 생산의 차이를 고려하지 못하는 단점이 있다.

ⅳ) 중간투입물, 중간투입물비용, 중간투입물가격

중간투입물(M)에 대한 자료는 『광공업통계조사』에서 구할 수 없기 때문에 한국은행의 『산업연관표』로부터 산업별 중간투입액을 이용하였으며, 『산업연관표』가 제공되지 않는 년도의 자료를 구축하기 위해서 직선보간 방식을 이용하여 중간투입액 자료를 추계하였다.50) 불변가격기준 (1990＝100)으로 실질화 하기 위해 한국은행 『국민계정』의 생산자 물가지수에서 가공단계별 물가지수의 원재료, 중간재 물가지수를 이용하여 실질화 하였다.51)

중간투입물비용은 『광공업통계조사』의 주요 생산비(원재료비＋연료비＋전력비＋용수비＋외주가공비＋수선비)에서 수선비를 차감한 비용을 이용하였다. 『광공업통계조사』에서 중간투입물비용을 구하기 위해 생산액에서 부가가치액을 뺀 것으로 정의하여 이용할 수 있으나, 『광공업통계조사』의 부가가치액은 생산액에서 원재료비, 연료비, 전력비, 용수비, 외주가공비 및 수선비 등 주요생산비를 공제한 것으로 간접생산비(급여총액52), 퇴직금, 복리후생비, 임차료, 감가상각비, 세금공과금, 대손상각비, 기타비용)가 포함되어 있어 국민계정상의 부가가치와는 산출방법의 차이로 인해 일치하지 않는다. 따라서 생산액에서 부가가치액을 공제한 것을 중간투입물 비용으로 사용하기에는 부적절 하다고 생각되어 『광공업통계

---

50) 중간투입물비용과 중간투입액과의 상관계수(correlation of coefficient)는 산업별로 음식료 및 담배 0.9780, 섬유·의복·가죽 0.9574, 목재 및 나무 0.9697, 펄프·종이·인쇄 0.9977, 화합물과 석유 0.9841, 비금속 0.9899, 제1차 금속 0.9943, 조립금속 0.9758, 기계 및 장비 0.9695, 전기·전자 0.9844, 운수장비 0.9752, 의료·정밀·광학기기 및 시계 0.9847, 기타 제조업 0.9847이었다.

51) 원재료 물가지수와 중간재 물가지수를 가중평균하여 중간투입물 물가지수로 정의하였다. 중간재와 원재료의 비중은 각각 0.86, 0.14로 생산자물가지수 작성에서 주어진 비중이다.

52) 급여총액은 피고용자에게 지급된 임금, 급료 및 제수당(퇴직금 및 복리후생비 제외)으로 지출된 모든 비용으로 자영업주 및 무급가족종사자에 대한 급여총액은 포함되어 있지 않다.

조사』의 주요생산비에서 수선비를 차감한 비용을 중간투입물 비용으로 이용하였다. 중간투입물 비용을 실질화 하기 위해 한국은행 『국민계정』의 생산자 물가지수에서 가공단계별 물가지수의 원재료, 중간재 물가지수를 이용하여 실질화 하였다.

중간투입물가격(P_M)은 중간투입물 비용을 중간투입물로 나누어서 산업별 중간투입물가격을 추계하였다.

ⅴ) 환경규제변수(오염방지시설 자본량, 오염방지시설 비용)

환경규제를 나타내는 변수로 오염방지시설 자본량을 사용하였으며, 오염방지시설 자본량(A)의 추계는 영구재고법을 이용하여 추계하였다. 영구재고법으로 추계하기 위해서는 초기 오염방지시설 자본량이 필요하고 오염방지시설 투자액이 필요하다. 초기 자본량은 1983년 『광공업통계조사』에 나타난 오염방지시설 자산총액(amount of pollution abatement and control assets)을 이용하였으며 투자액은 한국산업은행의 『설비투자계획조사』의 오염방지 설비투자액을 이용하였다.

오염방지시설 자본량을 구하기 위해 오염방지시설 투자에 대한 자료는 한국산업은행의 『설비투자계획조사』를 이용하고, 오염방지시설 자산총액에 대한 자료는 통계청의 1983년도 『광공업통계조사』를 같이 이용하는 경우 생길 수 있는 문제는 자료수집의 대상이 서로 다르기 때문에 오염방지시설 자본량이 과소하게 추정될 수 있다.

즉 『설비투자계획조사』는 제조업의 경우 100인 이상이 되는(산업부문에 따라 200 이상) 1,215개의 기업체를 대상으로(1990년부터는 200인 이상-산업부문에 따라 100인 이상-1,926개의 기업체) 표본조사를 하지만, 『광공업통계조사』의 경우 5인 이상 사업체를 대상으로 전수조사 한다. 따라서 『광공업통계조사』와 『설비투자계획조사』를 같이 이용하는 경우 자료수집 대상이 다르기 때문에 문제점이 발생할 수 있다.

그러나 한국산업은행의 한국의 설비투자(1995)에 의하면 『설비투자계획조사』의 제조업체 선정기준은 통계청의 『광공업통계조사』결과 업종별 연간 유형고정자산 취득액의 85% 이상을 점하는 선에서 사업체의 종업원수를 기준으로 선정하고 있다. 또한 한국의 설비투자(1995)에 의하면 『설비투자계획조사』는 제조업 전체 투자의 약 90%를 차지하는 것으로 밝히고 있어 제조업의 경우 한국산업은행에서 조사한 설비투자 변수는 제조업 투자의 약 90%의 대표도를 갖는다고 할 수 있다.

따라서 『설비투자계획조사』와 『광공업통계조사』가 비록 자료수집 대상이 차이가 존재할지라도 『설비투자계획조사』가 제조업 투자의 평균적으로 90% 이상의 대표도를 갖고 있기 때문에 『설비투자계획조사』의 오염방지시설 투자액을 이용하여 오염방지시설 자본량을 추정하는 데 있어 심각할 정도의 문제는 발생하지 않는다고 생각되어 『광공업통계조사』와 『설비투자계획조사』를 같이 이용하였다.

그런데 산업별 오염방지시설 자본량의 시계열을 구하는 데 있어 문제가 되는 것은 『광공업통계조사』에서 발표되고 있는 경상가격기준 오염방지시설 총액과 『설비투자계획조사』의 경상가격기준 오염방지시설 투자를 어떤 방법으로 불변가격으로 환산할 수 있는가 하는 것이다.

즉 오염방지시설에 대한 환가지수가 작성되어 있지 않고 오염방지시설에 대한 투자는 생산적인 투자와 성격이 다르다. 본 연구에서는 불변가격기준(1990=100)으로 실질화 하기 위해 오염방지시설 및 투자행위도 기업의 생산활동의 일부이기 때문에 투자에 초점에 맞추어 『건설교통통계연보』의 전국지가변동률을 이용한 토지에 대한 환가지수와 『국민계정』의 자본재형태별 총자본형성의 환가지수를 평균값으로 실질화 하였다.[53]

---

53) 한국산업은행의 『설비투자계획조사』와 한국은행의 『국민계정』에서의 설비투자의 대상을 다르게 정의되고 있다. 『설비투자계획조사』는 설비투자 대상을 설비투자를 목적으로 하는 토지의 취득을 포함하여 유형고정자산을 모두 포함(토지, 건물, 구축물, 기계기구, 운수장비 등)하고 있다. 『국민계정』에서는 총고정

영구재고법에 의한 오염방지시설 자본량을 추계하기 위한 방정식은 다음과 같다.

$$K_{it} = K_{it-1}(1 - \delta_i) + I_{it} , \qquad\qquad (\text{Ⅱ}-31)$$

여기서 K_{it}는 t년도의 i산업의 오염방지시설 자본량, I_{it}는 t년도의 i산업의 오염방지시설 투자액, δ_i는 i산업의 감가상각률을 나타낸다.

감가상각률에 대한 계산은 법인세법의 산업별 자산의 기준내용연수를 참조로 하여 정액법으로 산출하였다. 오염방지시설 자본량을 추계하기 위해서는 초기 오염방지시설 자본량이 필요한데 초기값은 1983년 『광공업통계조사』의 오염방지시설 자산총액을 이용하였다. 오염방지시설 자본비용(C_A)은 오염방지시설 자본량에 자본가격을 곱하여 구하였다. 생산비(가변비용, C)는 자본비용, 노동비용, 중간투입물 비용의 합이며, 총생산비(C^*)는 가변비용에 오염방지시설 자본비용을 더한 것이다. 〈표 Ⅱ-3〉과 〈표 Ⅱ-4〉는 주요 사용변수들의 기초통계량과 자료출처를 나타내고 있다.

〈표 Ⅱ-3〉 주요 사용변수들의 기초통계량

변 수	관측수	평 균	표준편차	최소값	최대값
생산액	195	16.016	1.076	12.827	17.942
총생산비	195	15.722	1.055	12.763	17.609
자본	195	15.289	1.054	12.340	17.290
노동	195	19.899	0.728	18.157	21.531
중간투입물	195	15.794	1.093	12.725	17.795
오염방지시설자본	195	10.802	1.490	7.433	13.650

주: 변수의 값들은 실제 추정에 투입된 자연로그 값임.

자본형성에 토지의 취득은 포함시키지 않고 있다.

〈표 II-4〉 주요 사용변수 및 자료출처

	변 수	자료출처
산출액	생산액	광공업통계조사보고
	환가지수	국민계정
자본투입	투자	광공업통계조사보고
	자본비용	광공업통계조사보고
	환가지수	국민계정, 건설교통통계연보
노동투입	노동량	광공업통계조사보고, 직종별임금실태보고서, 노동통계연감
	노동비용	광공업통계조사보고
	환가지수	국민계정
중간투입	중간투입물	산업연관표
	중간투입물비용	광공업통계조사보고
	환가지수	국민계정
오염방지시설	오염방지시설투자, 자본	설비투자계획조사, 광공업통계조사보고
	환가지수	건설교통통계연보, 국민계정

3) 환경규제변수에 대한 설명

본 연구에서는 환경규제의 생산성 영향을 살펴보는 데 있기 때문에 본 연구에서 사용하고 있는 환경규제변수인 환경오염방지시설 투자와 환경오염방지시설 자본량에 대해서 자세히 살펴볼 필요가 있다. 또한 환경규제의 강화에 대한 영향을 살펴보기 위해 기간을 구분할 살펴볼 필요가 있다. 이에 대한 설명은 다음과 같다.

첫째, 환경규제의 강화와 그 영향에 대한 것을 고려하기 위해 1983년부터 1997년까지 기간을 1983~1990년, 1991~1997년까지의 두 기간으로 나누어 분석하였다. 환경규제의 강화에 대한 영향을 보기 위해 1983~

1990년, 1991~1997년의 두 기간으로 구분한 이유가 임의적이기는 하나, 1990년 이후에 환경규제가 더욱 강화되었다고 볼 수 있다. 이러한 사실은 환경행정과 환경법 재정과 제조업의 환경오염방지시설 투자액과 오염방지시설 자본량 추이를 통해서 확인할 수 있다.

먼저 환경행정과 환경법 재정 면에서 살펴보면 다음과 같다. 환경오염에 대한 규제는 1963년 제정된 공해방지법이 그 출발점이다. 이후 환경오염이 점차 심각해짐에 따라 공해방지적 차원이 아닌 환경보전적 차원에서의 개정이 필요하게 되었고, 1977년 환경보존법이 제정되었다. 1980년에는 헌법에 환경권이 규정되었고 이에 따라 환경행정 전담 부서로서 환경청이 발족되었다.

그러나 환경청이 보건사회부의 외청인 까닭에 환경행정은 보건위생의 차원을 벗어나지 못하였다. 따라서 환경정책이 보건차원에서 벗어나 명실상부하게 환경보전적으로 수행할 수 있고, 환경행정의 종합화, 적극화, 과학화, 일원화, 효율화를 도모하고자 1990년에 환경청을 환경처로 승격시켜 환경정책 추진기능을 강화하였다. 또한 1977년에 제정된 환경보전법이 1990년에 분법하여 복수법 체제로 전환되었으며,[54] 1991년은 낙동강 페놀 오염사건을 계기로 해양오염 방지법, 폐기물관리법 등의 개정이 이루어졌다. 1994년에는 낙동강 수질오염사고의 재발을 계기로 환경처에서 환경부로 승격되었으며, 1996년에는 토양환경보전법, 1997년에는 환경영향평가법이 개정되었다.[55]

다음으로 제조업의 환경오염방지시설 투자액과 오염방지시설 자본량 추이를 살펴보면 다음과 같다. 〈그림 Ⅱ-1〉과 〈그림 Ⅱ-2〉는 제조업의 환경오염방지시설 투자액과 오염방지시설 자본량 추이를 나타낸 것이다. 오염방지시설 투자액은 1990년 이전까지 완만하게 증가하는 형태를

---

54) 환경정책기본법, 대기환경보전법, 수질환경보전법, 소음·진동규제법, 유해화학물질관리법, 환경오염피해분쟁조정법이 1990년에 새로 제정되었다.
55) 환경백서(1991), 곽승준 외(1998) 참조.

보이고 있으나, 1990년을 기점으로 1990년 이전보다 크게 증가하는 모습이고, 특히 1993년 이후에 많이 증가하는 모습을 보이고 있다. 마찬가지로 오염방지시설 자본량에 대한 추이를 살펴보면 1990년과 1993년 이후에 오염방지시설 자본량이 크게 증가했음을 알 수 있다. 즉 1990년 이후에 환경오염방지시설에 대한 기초투자가 본격적으로 이루어졌음을 알 수 있다. 따라서 우리나라의 경우 1980년과 비교하여 1990년 이후에 환경규제가 상대적으로 강화되었음을 알 수 있다.

〈그림 Ⅱ-1〉 제조업의 오염방지시설 투자 추이

(단위: 백만 원)

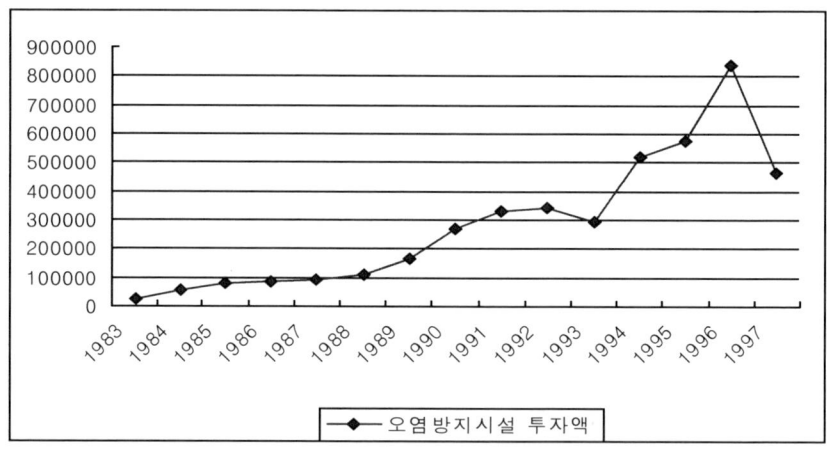

〈그림 Ⅱ-2〉 제조업의 오염방지시설 자본량 추이

(단위: 백만원)

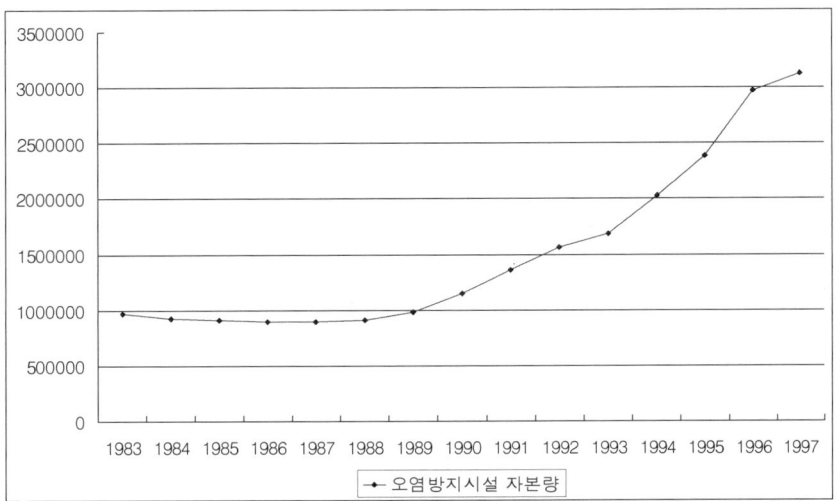

둘째, 산업별로 환경오염방지시설 자본량 및 투자액에 대한 설명은 〈그림 Ⅱ-3〉 ~ 〈그림 Ⅱ-7〉과 〈표 Ⅱ-5〉 ~ 〈표 Ⅱ-7〉에 제시하고 있다.

먼저 〈그림 Ⅱ-3〉과 〈그림 Ⅱ-4〉는 산업별 오염방지시설 투자액과 오염방지시설 자본량 추이를 나타낸 것이다. 〈그림 Ⅱ-3〉과 〈그림 Ⅱ-4〉를 살펴보면 10개의 산업 모두 1990년대 이후에 오염방지지출 투자액이 증가하였고, 이에 따라 오염방지시설 자본량이 증가했음을 알 수 있다. 이들 산업 중에서 화합물과 화학·석유·석탄·고무 및 플라스틱 제조업(35), 제1차 금속제품 제조업(37), 전기·전자기기 제조업(383), 운수장비 제조업(384)의 오염방지 투자지출이 다른 산업과 비교하여 오염방지 투자지출이 많이 이루어지고 있음을 알 수 있으며, 오염방지시설 자본량이 크게 증가하고 있음을 알 수 있다.

이들 4개 산업의 공통적인 특징은 중화학공업으로 생산규모가 크고

오염원을 많이 발생시키는 오염집약산업(pollution intensive industry)이
다. 생산규모가 크기 때문에 생산규모에 따른 오염방지시설 투자가 많이
이루어지고 있으며, 오염집약산업이기에 환경규제가 강화됨에 따라 다른
산업에 비해 오염방지시설 투자가 많이 이루어졌다고 사료된다.

한편 화합물과 화학·석유·석탄·고무 및 플라스틱제조업(35), 제1차
금속제품 제조업(37), 전기·전자기기 제조업(383), 운수장비 제조업
(384)을 제외한 나머지 산업들은 1990년 이후 오염방지시설 투자가 상대
적으로 미미하게 증가하는 것으로 나타나고 있다.

〈그림 Ⅱ-3〉 산업별 오염방지시설 투자액 추이

(단위: 백만원)

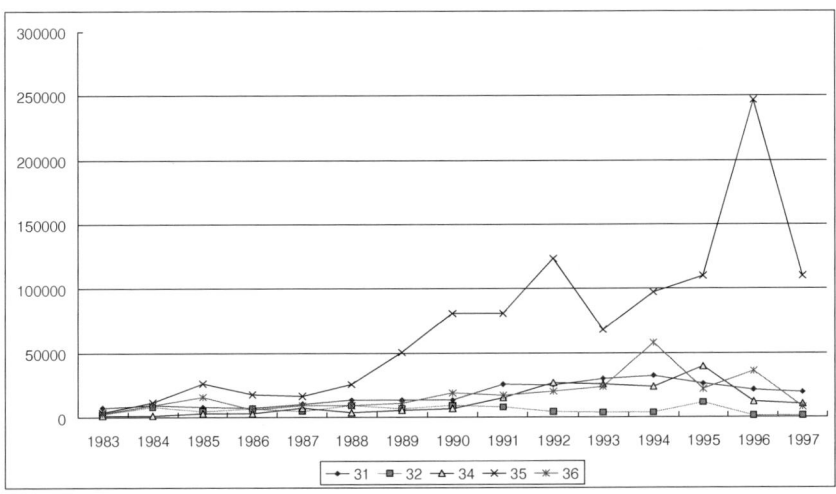

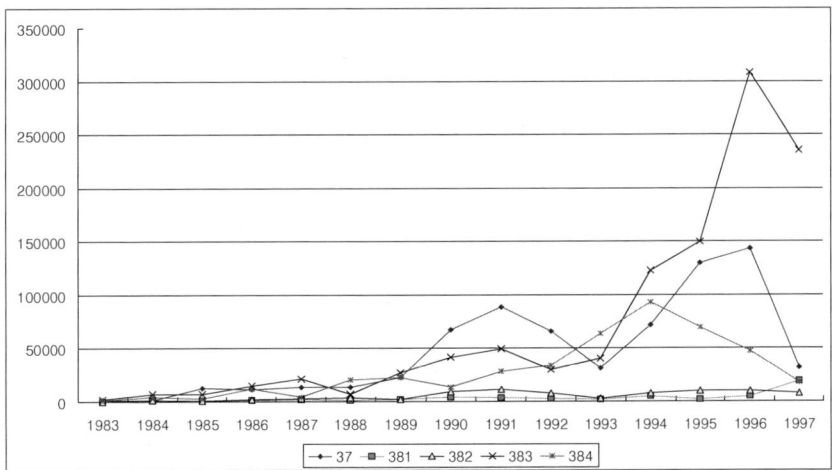

주: 1/ 코드별 산업은 다음과 같다. 31은 음·식료품 및 담배, 32는 섬유·의복 및 가죽제품, 33은
       나무 및 나무제품, 34는 종이·종이제품·인쇄·출판, 35는 화학·석유·석탄·고무·플라
       스틱제품, 36은 비금속광물제품(석유 및 석탄제품 제외), 37은 제1차 금속제품, 381은 조립
       금속제품, 382는 기계 및 장비, 383은 전기·전자, 384는 운수장비 제조업을 나타냄. 이하
       생략.
    2/ 33 나무 및 나무제품 383 의료, 정밀, 광학기기 및 시계 제조업, 39 기타 제조업은 오염방
       지시설 투자에 대한 자료가 많은 부분이 누락되어 이들 산업은 제외하였음.

〈그림 Ⅱ-4〉 산업별 오염방지시설 자본량 추이

(단위: 백만원)

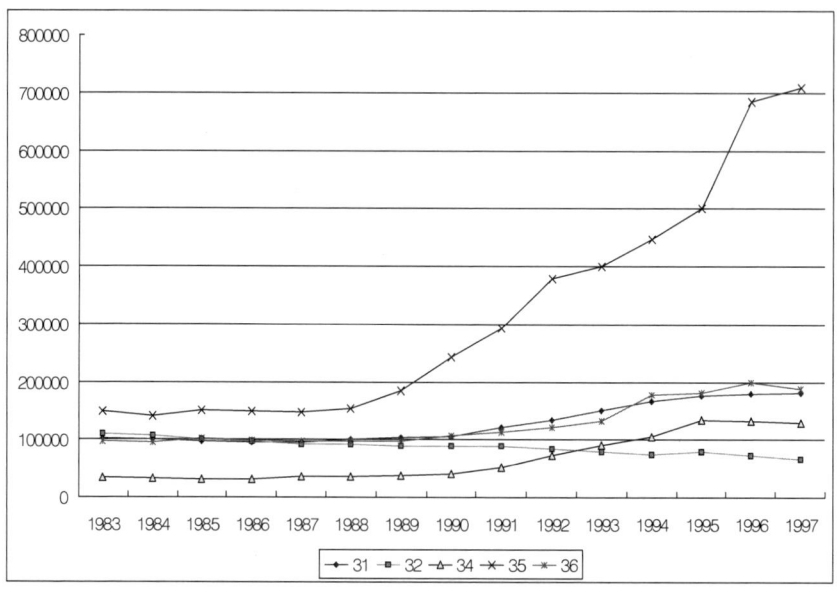

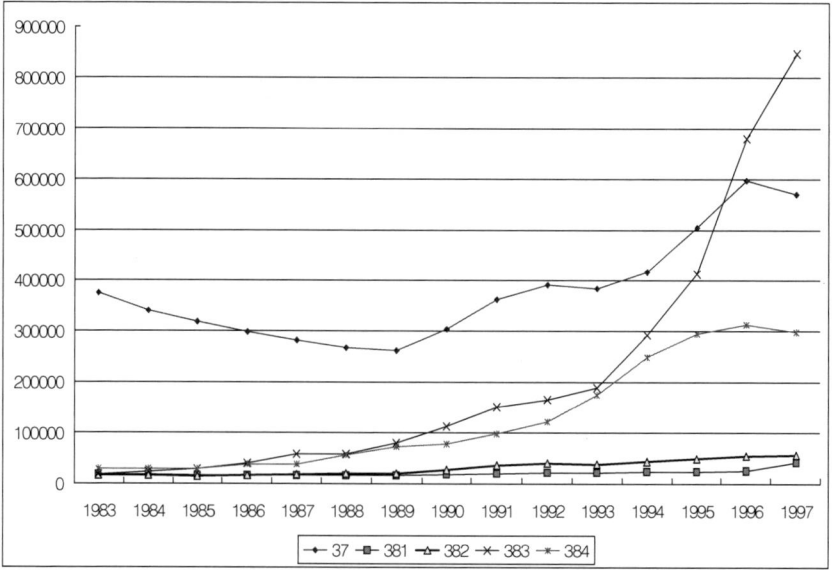

〈표 II-5〉는 산업별 오염방지시설 투자의 연간 증가율을 제시하고 있다. 〈표 II-5〉에 나타난 바와 같이 1983년부터 1997년 기간 동안 연평균 증가율은 음·식료품 및 담배 제조업(31) 10.325%, 섬유·의복·가죽(32) 26.377%, 펄프·종이·인쇄·출판 제조업(34) 31.356%, 화합물과 화학·석유·석탄·고무 및 플라스틱 제조업(35) 48.006%, 비금속 광물제품 제조업(36) 33.861%, 제1차 금속제품 제조업(37) 73.594%, 조립금속 제조업(381) 64.591%, 기계 및 장비(382) 172.182%, 전기·전자기기 제조업(383) 68.241%, 운수장비 제조업(384) 68.495%의 증가율을 나타내고 있다.

〈표 II-5〉 산업별 오염방지시설 투자액 증가율

(단위: %)

구 분	31	32	34	35	36	37	381	382	383	384
1984	22.785	212.466	2.205	235.351	218.937	-0.689	121.857	1669.447	202.858	275.239
1985	-17.896	-37.529	93.995	129.718	81.745	659.231	-49.220	-55.518	8.758	-27.169
1986	-4.451	35.262	11.349	-32.441	-62.345	-11.150	218.536	370.044	100.044	284.817
1987	43.517	-24.044	127.900	-7.750	45.498	21.808	58.160	25.433	43.460	-62.900
1988	27.989	83.627	-49.612	56.552	0.055	-0.065	-23.670	16.028	-67.603	374.395
1989	-0.834	-25.728	57.935	97.297	23.409	62.758	37.404	-36.826	287.674	10.031
1990	-1.073	35.149	19.407	60.118	75.463	201.360	102.972	323.270	56.787	-41.618
1991	95.776	-11.107	125.006	0.145	-12.408	32.080	-14.803	19.017	19.037	110.802
1992	-2.641	-45.656	77.877	52.901	19.819	-26.214	-9.389	-30.016	-39.779	20.105
1993	18.566	-17.053	-5.786	-44.992	18.669	-52.480	-34.169	-61.598	34.179	89.243
1994	9.239	-7.372	-5.748	43.088	143.149	129.197	126.939	166.770	205.884	45.625
1995	-18.426	238.866	65.675	13.200	-62.108	81.583	-53.651	21.167	21.869	-24.949
1996	-20.320	-89.604	-69.839	124.333	62.507	10.441	113.539	4.182	105.894	-31.549
1997	-7.679	22.005	-11.386	-55.438	-78.334	-77.547	309.766	-20.854	-23.684	-63.139
평 균	10.325	26.377	31.356	48.006	33.861	73.594	64.591	172.182	68.241	68.495

〈그림 Ⅱ-5〉는 산업별 오염방지시설 투자액 증가율 추이를 보여주고 있다. 〈그림 Ⅱ-5〉를 살펴보면 다음과 같은 사실을 알 수 있다. 첫째, 오염방지시설 투자액 증가율 추이가 산업별로 다르게 나타나고 있지만 대체적으로 1990년 이후에 증가율이 크게 증가하고 있음을 알 수 있다.

둘째, 증가율의 변동폭이 일정한 것이 아니라 불규칙적이고, 산업별로 차이는 있지만 일정기간을 사이에 두고 증가율이 증가와 감소를 반복한다는 것이다. 이러한 사실은 환경오염방지를 위한 시설투자가 꾸준하게 이루어지는 것이 아니라 정부의 환경규제에 준수하기 위해 환경규제의 강화에 따라 오염방지시설 투자가 이루어지고 있음을 나타낸다고 볼 수 있다.

〈그림 Ⅱ-5〉 산업별 오염방지시설 투자액 증가율 추이

(단위: %)

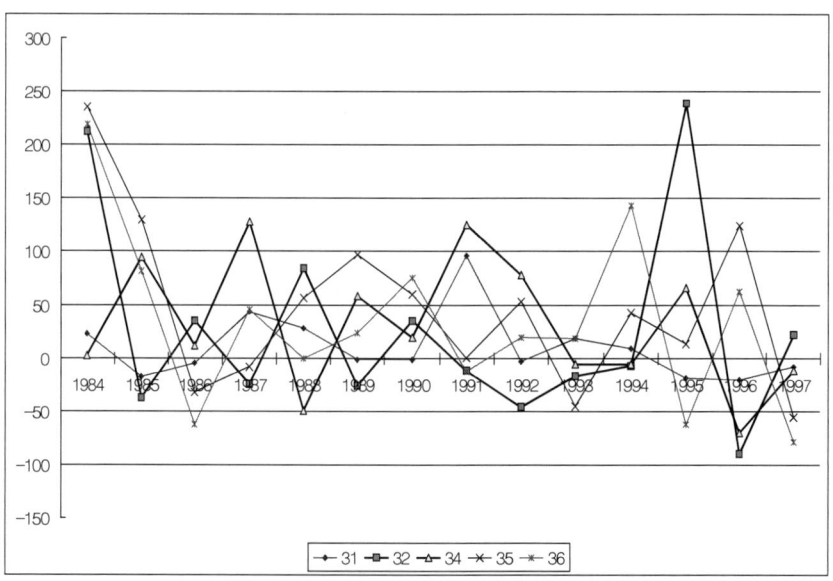

그림 계속

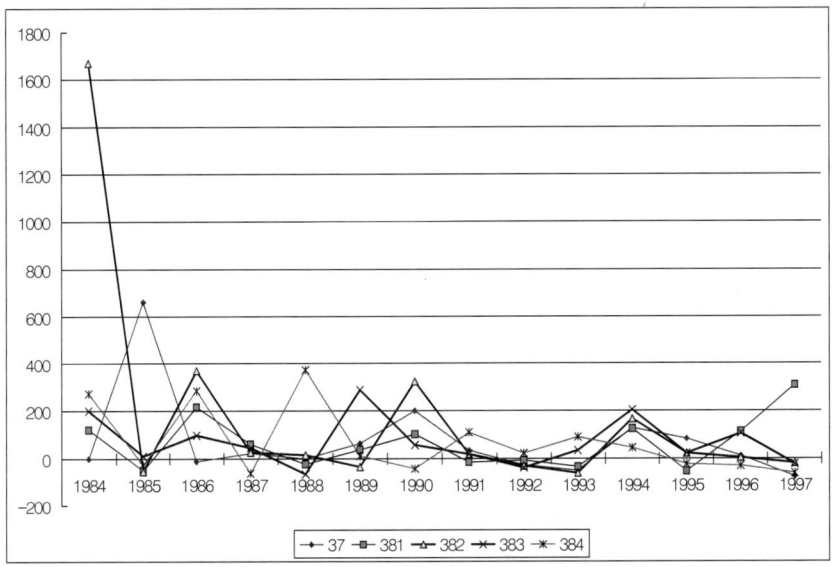

〈표 Ⅱ-6〉은 산업별 오염방지시설 자본비용[56]이 총생산액에서 차지하는 비중을 나타낸 것이다. 〈표 Ⅱ-6〉에 나타난 바와 같이 1983년부터 1997년 기간 동안 연평균 비중은 음·식료품 및 담배 제조업(31) 0.072%, 섬유·의복·가죽(32) 0.036%, 펄프·종이·인쇄·출판 제조업(34) 0.089%, 화합물과 화학·석유·석탄·고무 및 플라스틱 제조업(35) 0.114%, 비금속 광물제품 제조업(36) 0.246%, 제1차 금속제품 제조업(37) 0.412%, 조립금속 제조업(381) 0.026%, 기계 및 장비(382) 0.026%, 전기·전자기기 제조업(383) 0.075%, 운수장비 제조업(384) 0.062%의 비중을 나타내고 있다.

비금속 광물제품 제조업(36), 제1차 금속제품 제조업(37)이 상대적으로 오염방지시설 자본비용이 생산액에서 차지하는 비중이 크게 나타남을

---

56) 환경오염방지를 위한 인건비, 시설운영비(operating cost) 등과 같은 경상비용은 포함되어 있지 않다.

알 수 있다. 그러나 오염방지시설 자본비용이 생산액에서 차지하는 비중
이 0.026~0.412%로 생산액과 비교하여 미미한 수준에 그치는 것으로 나
타나고 있다.

〈표 Ⅱ-6〉 산업별 오염방지시설 자본비용이 총생산액에서 차지하는 비중

(단위: %)

구 분	31	32	34	35	36	37	381	382	383	384
1983	0.116	0.074	0.101	0.141	0.470	0.626	0.047	0.053	0.034	0.055
1884	0.083	0.061	0.092	0.119	0.507	0.684	0.043	0.045	0.035	0.056
1985	0.079	0.050	0.079	0.126	0.387	0.626	0.033	0.027	0.039	0.047
1986	0.080	0.054	0.073	0.114	0.305	0.489	0.028	0.029	0.044	0.060
1987	0.071	0.050	0.085	0.104	0.280	0.453	0.026	0.023	0.041	0.042
1988	0.083	0.048	0.067	0.093	0.239	0.494	0.034	0.045	0.044	0.065
1989	0.067	0.037	0.071	0.078	0.218	0.455	0.021	0.021	0.055	0.086
1990	0.052	0.029	0.050	0.087	0.198	0.368	0.021	0.020	0.060	0.046
1991	0.057	0.029	0.062	0.102	0.173	0.354	0.020	0.021	0.057	0.048
1992	0.055	0.025	0.087	0.105	0.152	0.324	0.020	0.027	0.057	0.061
1993	0.067	0.007	0.084	0.106	0.158	0.279	0.019	0.020	0.069	0.077
1994	0.064	0.021	0.098	0.110	0.160	0.261	0.018	0.020	0.094	0.074
1995	0.072	0.021	0.122	0.120	0.148	0.252	0.015	0.015	0.139	0.080
1996	0.072	0.017	0.139	0.167	0.155	0.257	0.015	0.015	0.154	0.067
1997	0.067	0.016	0.121	0.136	0.137	0.266	0.037	0.013	0.197	0.059
평 균	0.072	0.036	0.089	0.114	0.246	0.412	0.026	0.026	0.075	0.062

〈그림 Ⅱ-6〉은 산업별 오염방지시설 자본비용이 총생산액에서 차지
하는 비중 추이를 보여 주고 있다. 〈그림 Ⅱ-6〉에 나타난 바와 같이 오
염방지시설 자본비용이 총생산액에서 차지하는 비중이 비금속 광물제품

제조업(36), 제1차 금속제품 제조업(37)은 계속 감소하는 추세를 보이고 있고 전기·전자기기 제조업(383)은 약간 증가하는 추세를 나타내고 있다.

한편 그 밖의 산업들은 거의 변화가 없거나 약간 감소하는 추세를 보여주고 있다. 이러한 사실로부터 다음과 같은 사항을 추론할 수 있다. 첫째, 비금속 광물제품 제조업(36), 제1차 금속제품 제조업(37)의 경우 생산은 증가하지만 생산이 증가하는 것과 비례하여 오염방지시설 투자가 이루어지지 않고 있으며, 제1차 금속제품 제조업(37)은 〈그림 Ⅱ-3〉에서 살펴본 바와 같이 오염방지시설 투자의 절대액은 크지만 생산액과 비교해서는 상대적으로 미미한 수준에 있다는 것을 알 수 있다.

둘째, 1990년 이후에 환경규제가 1980년대와 비교하여 상대적으로 강화되었음에도 오염방지시설 자본비용이 총생산액에서 차지하는 비중이 1990년 이후에도 거의 변함이 없거나 감소하였다는 것은 환경규제강화로 오염방지시설 투자의 절대액은 증가하였지만 생산액 기준으로의 환경규제의 정도는 변함이 없거나 약화되었다고 볼 수 있다. 이러한 이유로는 생산측면에서 환경규제가 강화되면 환경규제가 강화되기 이전과 비교하여 오염방지시설 자본비용 증가율이 생산규모의 증가율보다 더 크게 이루어 져야 하는데 일정한 비율이거나 감소한다는 것은 생산 측면에서 환경규제가 강화되었다고 볼 수 없기 때문이다.[57][58]

---

57) 기업은 생산규모가 증가하게 되면 생산의 반대급부로 오염을 많이 배출한다. 오염집약산업의 경우 생산규모를 증가시키면 오염배출량은 생산규모와 비례하여 증가한다.
58) 환경오염방지를 위한 경상비용이 포함되어 있지 않기 때문에 이러한 해석에 대한 무리가 있을 수 있다.

〈그림 Ⅱ-6〉 산업별 오염방지시설 자본비용이 총생산액에서 차지하는
　　　　　비중 추이

(단위: %)

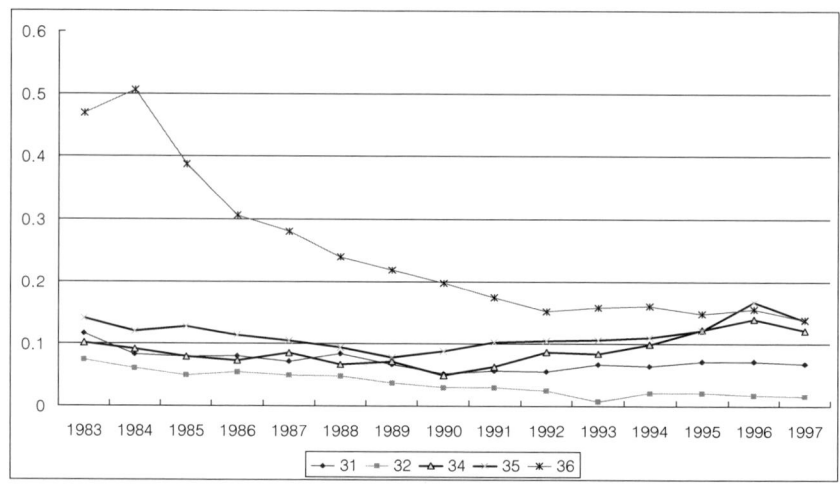

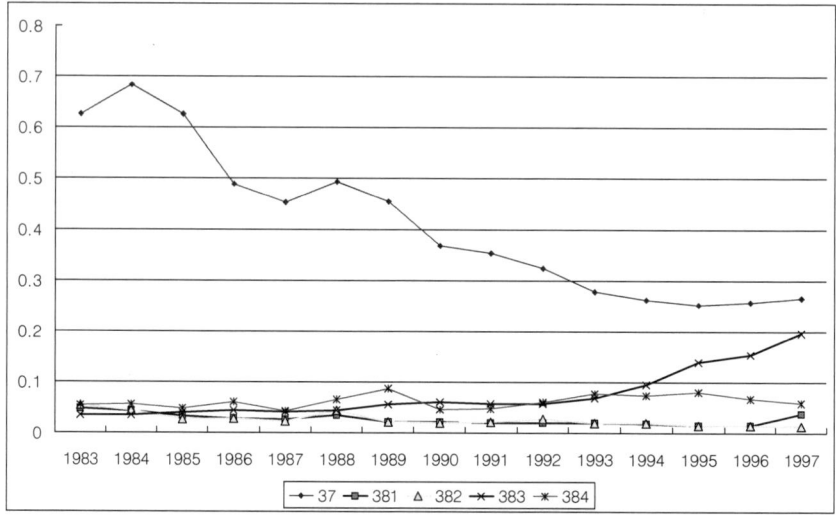

　　〈표 Ⅱ-7〉은 산업별 오염방지시설 투자액이 총투자액에서 차지하는
비중을 제시하고 있다. 〈표 Ⅱ-7〉에 나타난 바와 같이 1983년부터 1997

년 기간 동안 연평균 비중은 음·식료품 및 담배 제조업(31) 1.539%, 섬유·의복·가죽(32) 0.503%, 펄프·종이·인쇄·출판 제조업(34) 1.697%, 화합물과 화학·석유·석탄·고무 및 플라스틱 제조업(35) 1.733%, 비금속 광물제품 제조업(36) 1.813%, 제1차 금속제품 제조업(37) 2.337%, 조립금속 제조업(381) 0.492%, 기계 및 장비(382) 0.497%, 전기·전자기기 제조업(383) 1.863%, 운수장비 제조업(384) 1.165%의 비중을 나타내고 있다. 제1차 금속제품 제조업(37)이 가장 크게 나타나고 있으며, 조립금속 제조업(381)이 가장 작게 나타나고 있다.

〈표 Ⅱ-7〉에서 제시하고 있는 바와 같이 대체적으로 오염집약산업의 오염방지시설 투자액이 총투자액에서 차지하는 비중이 상대적으로 크게 나타나고 있다. 그러나 오염집약산업의 경우 앞의 〈그림 Ⅱ-3〉에서 살펴보았던 바와 같이 오염방지시설 투자의 절대액이 오염집약산업과 그밖의 산업과 크게 차이가 났던 것과 비교하여 생각할 때 오염집약산업의 오염방지시설 투자액이 총투자액에서 차지하는 비중이 크게 차이가 난다고는 볼 수 없다. 또한 오염방지시설 투자액이 총투자액에서 차지하는 비중이 0.492~2.337%로 총투자액에서 차지하는 비중이 크지 않음을 알 수 있다.

〈표 Ⅱ-7〉 산업별 오염방지시설 투자액이 총투자액에서 차지하는 비중

(단위: %)

구분	31	32	34	35	36	37	381	382	383	384
1983	1.143	0.423	0.762	0.459	0.862	0.313	0.164	0.027	0.441	0.547
1984	1.473	0.921	0.416	1.118	2.474	0.297	0.336	0.339	0.608	0.658
1985	1.384	0.687	0.817	2.224	2.784	3.422	0.158	0.144	0.762	0.479
1986	1.184	0.622	0.889	1.343	1.166	1.448	0.485	0.412	0.939	0.912
1987	1.343	0.306	1.784	0.918	2.074	0.435	0.509	0.546	1.068	0.317
1988	1.672	0.629	0.695	1.091	1.365	0.917	0.291	0.549	0.350	1.562
1989	1.340	0.442	0.783	1.265	1.550	1.831	0.371	0.267	1.149	1.212
1990	1.228	0.644	1.010	2.032	1.726	1.823	0.533	1.065	1.809	0.534
1991	2.118	0.345	1.645	1.244	1.133	7.488	0.508	1.029	1.876	1.239
1992	2.037	0.209	3.076	1.985	1.103	1.751	0.460	0.686	1.485	1.530
1993	2.211	1.225	2.525	1.903	1.819	1.894	0.292	0.198	1.158	1.873
1994	2.140	0.188	2.494	2.768	4.135	3.780	0.544	0.619	3.858	3.335
1995	1.592	0.689	3.809	2.054	1.737	3.492	0.234	0.595	2.558	2.005
1996	1.073	0.078	1.060	3.900	2.657	5.457	0.434	0.554	6.271	0.906
1997	1.153	0.138	3.684	1.697	0.609	0.712	2.069	0.426	3.612	0.363
평균	1.539	0.503	1.697	1.733	1.813	2.337	0.492	0.497	1.863	1.165

〈그림 Ⅱ-7〉은 산업별 오염방지시설 자본비용이 총생산액에서 차지하는 비중 추이를 보여주고 있다. 〈그림 Ⅱ-7〉에서 보는 바와 같이 대체적으로 모든 산업에서 1980년대와 비교하여 1990년 이후에 산업별 오염방지시설 자본비용이 총생산액에서 차지하는 비중이 증가하는 추이를 보이고 있으며, 추이의 변동은 변동 폭이 일정한 것이 아니라 불규칙적이고 산업별로 차이는 있지만 일정기간을 사이에 두고 증가율이 증가와 감소를 반복하고 있다.

이러한 사실은 앞에서 설명하였듯이 환경오염방지를 위한 시설투자가 꾸준하게 이루어지는 것이 아니라 정부의 환경규제를 준수하기 위해 오염방지시설 투자가 이루어지고 있음을 반증한다고 볼 수 있다.

〈그림 Ⅱ-7〉 산업별 오염방지시설 투자액이 총투자액에서 차지하는
         비중 추이

(단위: %)

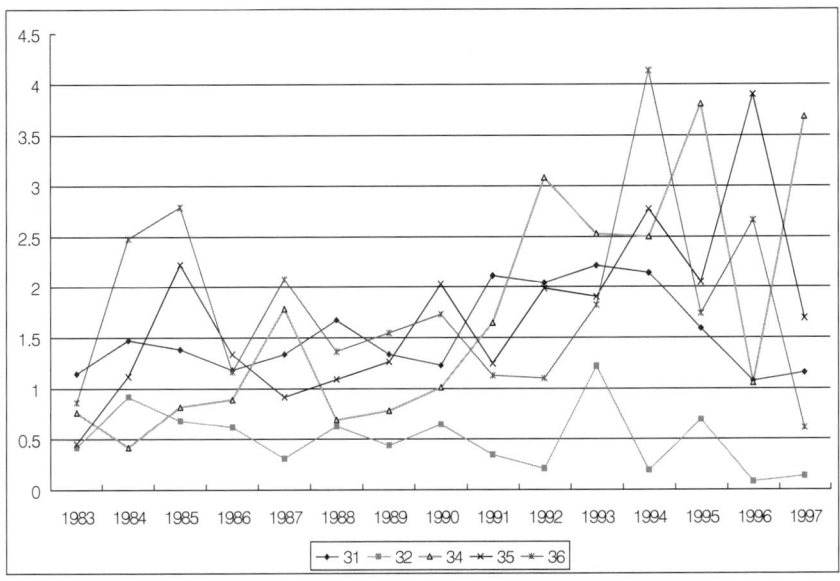

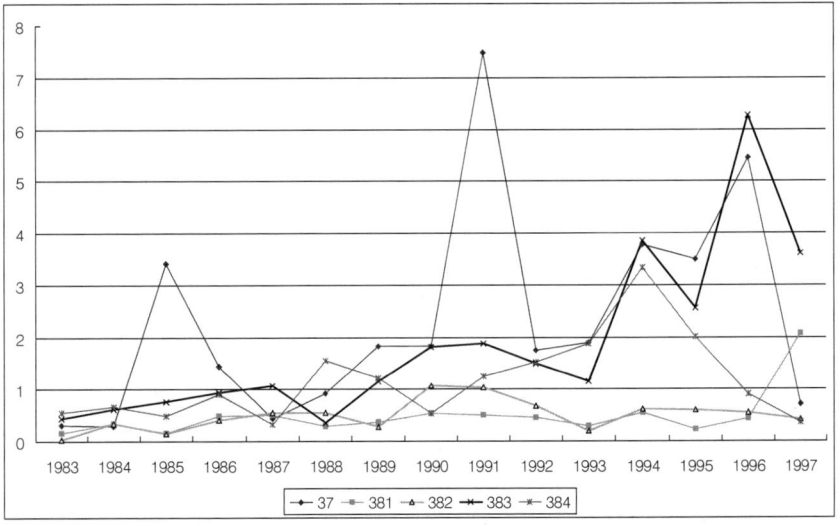

5. 추정결과

1) 총요소생산성 증가율 추정결과

1983년부터 1997년까지의 15년 동안의 시계열 자료와 제조업 13개 산업의 횡단면 자료를 결합하여 패널 자료(panel data)를 이용하여 총요소생산성 및 단일요소생산성 증가율을 추정하였다. 추정결과는 〈표 Ⅱ - 8〉과 〈표 Ⅱ-9〉에 제시하였다.

먼저 〈표 Ⅱ-8〉은 기간별 총요소생산성과 단일요소생산성 증가율이다. 추정결과를 살펴보면, 1983년~1997년 전체 분석기간 동안 제조업의 총요소생산성의 연평균 증가율은 5.618%로 추정되었다. 또한 단일요소생산성인 자본, 노동 및 중간투입물의 생산성 연평균 증가율은 각각 10.518%, 10.957% 및 6.519%를 나타냈다.

〈표 Ⅱ-8〉 기간별 총요소생산성 증가율과 단일요소생산성 증가율

(단위: %)

기 간	총요소생산성	자본생산성	노동생산성	중간투입물 생산성
1983~1990	5.207	13.131	12.336	7.491
1991~1997	6.030	7.904	9.579	5.546
1991~1994	4.599	8.716	8.716	8.716
1995~1997	7.938	6.823	6.823	6.823
1983~1997	5.618	10.518	10.957	6.519

한국제조업의 총요소생산성 증가율 추이를 기존연구에서 살펴보면, 문희화 외(1991)는 1971~1989년 기간 동안 총요소생산성 증가율이 3.7%, 김광

석·홍성덕(1992)은 1967년~1989년 동안 1.9%, 홍성덕·김정호(1996)는 1976~1993년 동안 1.7%, 이종화·윤창호(1998)는 1970~1993년 동안 5.4% 인 것으로 제시하고 있다.

　이렇게 추정결과가 차이를 보이는 것은 추계기간의 차이, 자료의 차이, 자료의 집계방법의 차이, 상위산업의 자료집계방법의 차이, 총요소생산성 추정방식의 차이 등에서 기인한다고 볼 수 있다.

〈표 II-9〉 제조업 총요소생산성 증가율의 추정결과 비교

연구자	분석기간	산출기준	TFP(%)	자료출처
김재원(1984)	1970~1979	총생산액	2.2	광공업통계조사
김광석·박승록(1988)	1966~1983	총생산액	2.1	산업연관표
문희화·조병택·황인호·김형범(1991)	1971~1989	총생산액	3.66	국민계정
김광석·홍성덕(1992)	1967~1988	총생산액	1.9	산업연관표
홍성덕·김정호(1996)	1967~1993	총생산액	1.7	산업연관표
곽승영(1997)	1971~1993	총생산액	0.8	국민계정
본 연구	1983~1997	총생산액	5.6	광공업통계조사

　주: 부가가치를 이용한 연구결과는 곽승영(1997), 이종화·윤창호(1998) 참조.

　이러한 총요소생산성 증가율을 기간별로 구분하여 보면, 1983~1990년 기간은 연평균 증가율이 5.207%인 반면, 1991~1997년 기간은 1980년대 에 비하여 6.030%로 다소 높은 것으로 제시되었다. 한편 상대적으로 총 요소생산성이 높은 1990년대를 두 기간으로 구분하여 살펴보면, 1991~ 1994년 기간은 4.599%이고, 1995~1997년 기간은 7.938%로 매우 높은 수준이다.

　이렇게 총요소생산성을 1980년대와 1990년대로 구분하여 계측하고, 1990 년대를 다시 상반기와 후반기 두 기간으로 구분한 것은 오염방지시설 투자

율과 무관하지 않다. 즉, 오염방지시설의 투자는 Porter 가설에 따라 생산성을 향상시킬 수 있으며, 한편 비용증가 요인으로 생산성을 하락시킬 수 있다. 이러한 측면을 고려하여 기간별 오염방지시설 투자비율을 살펴보면, 1990년대가 1980년대보다 높으며, 1990년대도 상반기보다 하반기가 높은 것으로 나타났다. 따라서 오염방지시설이 높은 기간에 총요소생산성 자체도 높기 때문에 환경규제의 강화가 기술혁신을 가져와 생산성을 증가시키고 있는가를 검정할 필요가 있다.

〈표 Ⅱ-10〉에서는 산업별, 기간별 총요소생산성 증가율을 제시하였다. 첫 번째 열은 제조업 13개 산업의 1983~1997년의 전체 분석기간 동안 총요소생산성 연평균 증가율을 제시한 결과이다. 총요소생산성 증가율은 화학·석유·석탄·고무·플라스틱제품, 비금속광물제품, 조립금속제품, 기계 및 장비, 운수장비, 의료, 정밀, 광학기기 및 시계 제조업이 평균 생산성 증가율 5.618%를 상회하는 것으로 나타나고 있고, 그 밖의 산업은 평균 증가율과 비교하여 낮은 증가율을 보였다.

특히 고기술(high-tech) 산업인 의료, 정밀, 광학기기 및 시계의 증가율이 9.301%로 가장 높게 추정되고 있으며, 나무 및 나무제품이 2.332%로 가장 낮게 추정되었다. 또한 대체적으로 중화학공업의 총요소생산성 증가율이 경공업보다 높은 것으로 제시되었으나, 그 차이는 크지 않음을 알 수 있다. 이러한 결과는 분석기간에서 차이가 있지만 백웅기·이태열(1997)과 윤창호·이종화(1998)의 결과와 일치한다.

또한 〈표 Ⅱ-10〉의 두 번째와 세 번째 열에서 13개 제조업의 총요소생산성 증가율을 두 기간(1983~1990년, 1991~1997년)으로 나누어 비교한 결과를 제시하였다. 추정결과를 산업별로 정리하면, 1980년대보다 1990년대의 총요소생산성 증가율이 더 높은 산업은 음식료품 및 담배, 섬유·의복 및 가죽제품, 나무 및 나무제품, 제1차 금속제품, 기계 및 장비, 전기·전자, 운수장비, 기타 제조업이다.

이와 반대로 1980년대보다 1990년대의 총요소생산성 증가율이 상대적으로 크게 감소한 산업은 화학·석유·석탄·고무·플라스틱제품이 2.092%p 감소하였고, 조립금속제품이 2.155%p 감소, 고기술 산업인 의료·정밀·광학기기 및 시계 제조업이 2.073%p 감소한 것으로 나타났다.

마지막으로 〈표 Ⅱ-10〉의 네 번째와 다섯 번째 열에서 1991~1994년과 1995~1997년 기간으로 구분하여 총요소생산성 증가율의 차이를 비교하고 있다. 우선 나무 및 나무제품, 비금속광물제품, 제1차 금속제품, 조립금속제품, 기계 및 장비, 운수장비 제조업, 의료, 정밀, 광학기기 및 시계 제조업과 기타 제조업이 1995~1997년 기간이 1991~1994년 기간보다 생산성 증가율이 더 높다.

〈표 Ⅱ-10〉 산업별 총요소생산성 증가율 기간별 비교

(단위: %)

산 업	전체(1983~1997)	1983~1990	1991~1997	1991~1994	1995~1997
음식료품 및 담배	4.039	3.394	4.684	5.090	4.141
섬유의복가죽	4.791	2.839	6.744	7.378	5.899
나무 및 나무제품	2.332	2.261	2.404	-2.000	8.277
종이인쇄출판	4.103	5.152	3.053	3.203	2.853
화학석유고무	6.086	7.182	4.990	5.583	4.198
비금속광물제품	5.804	6.044	5.565	3.695	8.058
제1차금속제품	4.650	3.995	5.305	4.824	5.946
조립금속제품	6.946	8.023	5.868	3.303	9.289
기계 및 장비	7.633	5.723	9.543	5.369	15.108
전기전자	5.486	5.073	5.899	7.754	3.426
운수장비	6.443	4.312	8.574	5.882	12.163
의료정밀광학기기	9.301	10.338	8.265	5.015	12.598
기타 제조업	5.426	3.354	7.497	4.694	11.233
평 균	5.618	5.207	6.030	4.599	7.938

이상에서 기간별로 산업별 총요소생산성 증가율을 비교한 결과 종이·종이제품·인쇄·출판, 화학·석유·석탄·고무·플라스틱제품 산업은 총요소생산성 증가율이 1983~1990년 기간이 가장 높다가 점차로 하락하여 1994~1997년 기간이 가장 낮은 수준을 유지하고 있다. 그러나 이 산업의 경우 오염방지시설의 투자비율은 다른 산업에 비하여 1990년대 후반기가 될수록 꾸준히 증가하는 추세를 보였다.

반면, 제1차 금속제품, 기계 및 장비, 운수장비 제조업과 기타 제조업은 생산성이 기간이 경과함에 따라 증가하는 추세를 보여 1995~1997년 기간의 총요소생산성 증가율이 가장 높다. 그러나 이러한 산업은 1980년대보다 1990년대가 오염방지시설의 투자비율이 더 높지만 1995~1997년 기간은 이전기간인 1991~1994년 기간보다 낮은 수준을 유지하고 있다.

이러한 결과를 종합하면, 전반적으로 오염방지시설이 높은 기간일수록 총요소생산성 증가율은 하락하고 있는 것으로 해석된다. 산업별로 구분하지 않고 연도별 자료에 기초한 총요소생산성 증가율에서는 시간이 경과함에 따라 총요소생산성과 오염방지시설이 동시에 증가하고 있는 것으로 제시되어 환경규제강화가 기술혁신을 가져온 것으로 해석이 가능하다. 그러나 산업별로 구분하여 총요소생산성 증가율과 환경규제강화 간의 관계를 파악한 결과에서는 서로 상반되는 결과를 가져오고 있어 이를 보다 더 명확하게 규명하기 위해서 총요소생산성 결정요인을 분석해야 할 것이다.

2) 비용함수 추정결과 및 가설검정

총요소생산성 결정요인을 분석하기 위해서 비용함수를 추정하였다. 제조업의 패널 자료를 이용하여 초월대수 비용함수 모형을 추정한 결과를 〈표 Ⅱ-11〉에 제시하였다. 28개의 추정치 중 25개의 추정계수가 5%

유의수준에서 통계적으로 유의하였다. 모형의 적합도를 나타내는 자유도로 조정한 결정계수 $\overline{R^2}$는 시계열 자료와 횡단면 자료가 결합된 패널 자료임에도 비용함수의 경우 0.945로 모형 적합도가 높게 나타났으며, 비용몫 방정식의 경우 0.663, 0.718로 비교적 높게 나타났다.

가변비용함수는 투입요소가격에 대해 단조성(monotonicity)과 오목성(concavity)[59] 조건을 만족해야 하며, 준고정 투입요소에 대해 볼록성(convexity)을 만족해야 한다. 이러한 비용함수 조건을 분석한 결과 단조성, 오목성 조건을 모든 관찰치에서 만족하는 것으로 나타났다. 또한 비용함수가 준고정 투입요소인 오염방지시설 자본량에 대해서 볼록하다는 조건을 모두 만족하였으며, 산출물에 대한 한계비용이 모두 양(+)의 값을 나타내고 있어 추정된 비용함수가 비용함수 조건을 충족하였다.

---

59) 비용함수가 요소가격에 대해서 단조성을 만족하기 위해서는 추정된 각 투입요소의 비용몫이 양(+)의 값을 가져야 한다. 또한, 비용함수가 투입요소가격에 대해서 오목성 조건을 만족하기 위해서는 헤시안행렬(Hessian matrix)이 음반정부호(negative-semi definite)를 가져야 한다.

〈표 Ⅱ-11〉 비용함수 추정결과

계　수	추정치	표준오차	계　수	추정치	표준오차
β_0	10.045***	6.394	γ_{MM}	-0.064	0.233
β_K	-0.352	0.976	γ_{TT}	-0.007 *	0.002
β_L	1.717	1.607	γ_{KT}	-0.013	0.015
β_M	-0.366	1.600	γ_{LT}	0.046 **	0.023
β_T	0.053	0.141	γ_{MT}	-0.032***	0.018
β_A	-0.051	0.442	γ_{AT}	0.019*	0.005
γ_{KK}	0.076	0.080	γ_{AA}	-0.088*	0.025
γ_{KL}	-0.037	0.147	γ_{KA}	0.051***	0.032
γ_{KM}	-0.039	0.113	γ_{LA}	-0.181*	0.044
γ_{LL}	-0.066	0.252	γ_{MA}	0.130*	0.051
γ_{LM}	0.103	0.208			
$\overline{R}^2$	C	0.945			
	S_K	0.663			
	S_L	0.718			

주: *는 1% 유의수준, **는 5% 유의수준, ***는 10% 유의수준에서 통계적으로 유의
함을 의미함.

　〈표 Ⅱ-12〉는 계수추정결과에 기초한 가설검정 결과로써, 가설검정
은 우도비검정(likelihood ratio test)을 사용하며, 검정통계량을 λ라고 할
때 λ는 $-2[L(H_0)-L(H_1)]$가 된다. 여기서 $L(H_0)$는 귀무가설이 제
약될 때의 로그우드(log likelihood)값을 나타내며 $L(H_1)$은 제약이 없을
때의 로그우드값을 나타낸다. 검정통계량 λ는 점근적으로(asympto-
tically) 제약식의 수를 자유도로 하는 χ^2~분포를 따르는 것으로 알려져
있다.[60]

---

60) Greene(2000) 참조.

〈표 Ⅱ-12〉 우도비검정(likelihood ratio test) 결과

구 분	검정통계량	임계치(critical value)
가설검정 1	86.39*	18.48
가설검정 2	63.87*	11.34
가설검정 3	161.08*	18.48
가설검정 4	123.45*	11.34

주: *는 1% 유의수준에서 통계적으로 기각함을 의미함.
　　가설검정 1: $\beta_T = \gamma_{iT} = 0$, $i = Q, A, T, K, L, M$
　　가설검정 2: $\gamma_{iT} = 0$, $i = K, L, M$
　　가설검정 3: $\beta_A = \gamma_{iA} = 0$, $i = Q, A, T, K, L, M$
　　가설검정 4: $\gamma_{iA} = 0$, $i = K, L, M$

가설검정 1은 기술진보에 대한 검정으로 1% 유의수준에서 기술진보가 일어나지 않는다는 귀무가설을 기각하였다. 즉 기술진보가 일어나지 않는다는 귀무가설을 기각하여 기술진보가 생산성 변화에 기여하고 있음을 의미한다. 가설검정 2는 기술진보의 유형이 힉스-중립적 기술진보인가에 대한 가설검정으로 유의수준 1% 수준에서 힉스-중립적 기술진보를 기각하여 힉스-중립적 기술진보가 일어나지 않았음을 나타낸다.

가설검정 3은 환경규제를 준수하기 위한 오염방지시설 자본이 고정비용(오염방지시설 비용)과는 분리해서 가변비용에 영향을 주는가 하는 것에 대한 가설검정이다. 즉 환경규제가 생산성 변화에 간접적으로 영향을 주는가에 대한 가설검정으로 유의수준 1% 수준에서 기각되었다. 이러한 사실은 오염방지시설 도입이 가변비용을 체감적(decreasing rate)으로 증가시키는 것을 나타낸다.

가설검점 3의 계수값을 살펴보면, β_A와 γ_{AA}는 오염방지시설 자본이 생산적 투입요소의 결합비율에는 영향을 주지 않고 산출물 단위당 오염방지

시설 투입비율만을 변화시켜 비용에 영향을 주는 중립적 요소(neutral component)를 나타낸다. γ_{iA}는 오염방지시설이 생산적 투입요소의 결합이율과 산출물 단위당 투입비율의 변화를 가져와 비용에 영향을 주는 비립적 요소(non-neutral component)를 나타낸다. 〈표 Ⅱ-12〉에서 β_A의 추정치는 -0.051로 통계적으로 유의하지 않으며, γ_{AA}는 -0.088로 통계적으로 유의하다. 이러한 사실은 오염방지시설이 가변비용을 통계적으로 유의하지 않지만 체감적(decreasing rate)으로 감소시키는 것을 나타낸다.

가설검정 4는 환경규제 준수하기 위한 기업들이 오염방지시설 도입이 투입요소의 결합비율과 산출물 단위당 투입비율을 변화시키는가 하는 것에 대한 가설검정으로 유의수준 1% 수준에서 기각하였다. 따라서 오염방지시설 도입으로 자본에 대한 비용몫이 증가하고, 노동에 대해서는 감소하는 것을 나타낸다. 또한 중간투입물에 대해서는 통계적으로 유의하지 않지만 증가하는 것을 나타낸다.

오염방지시설이 투입요소의 결합비율과 산출물 단위당 투입비율에 어떠한 방향으로 영향을 주는가는 투입요소의 비용몫(S_i)에 영향을 주는 γ_{iA}의 추정치를 살펴보면 알 수 있다. 〈표 Ⅱ-12〉에서 $\gamma_{KA}, \gamma_{LA}, \gamma_{MA}$는 각각 0.051, -0.181, 0.13으로 통계적으로 유의하다. 따라서 오염방지시설 도입으로 자본에 대한 비용몫이 증가하고, 노동에 대해서는 감소하는 것을 나타낸다. 또한 중간투입물에 대해서는 증가하는 것을 나타낸다.

3) 총요소생산성 증가율 결정요인 추정 결과

〈표 Ⅱ-13〉과 〈표 Ⅱ-14〉는 비용함수 추정을 통해 총요소생산성 증가율을 분해한 결과이다. 먼저 〈표 Ⅱ-13〉은 연도별 총요소생산성 결정요인을 나타낸 것으로, 1983~1997년 전체 분석기간 동안 총요소생산성이 연평균 5.618% 증가한 가운데 기술변화 효과로 2.190% 기여한 것으로 나타났다. 또한 환경규제 효과가 -0.182%로 총요소생성 증가율에 부정적인 영향을 주고 있으며, 이 중에서 간접효과가 -0.170%, 직접효과가 -0.012%로 나타났다.

총요소생산성 증가에 가장 큰 기여를 보이고 있는 것은 기술변화에 의한 효과이고, 환경규제의 간접효과, 직접효과는 총요소생산성을 하락시키고 있는 것으로 나타났다. 여기서 환경규제의 효과를 살펴보면 환경규제의 직접효과보다 간접효과에 의한 효과가 더 큰 것으로 제시되었다. 이것은 환경규제로 인한 오염방지시설 도입의 비용증가 혹은 감소로 인한 생산성 변화효과보다 오염방지시설 도입으로 인한 생산투입요소 즉 자본, 노동, 중간투입물의 수요 및 결합비율에 영향을 주어 생산성에 영향을 주는 효과가 더 크게 나타나고 있음을 알 수 있다.

〈표 Ⅱ-13〉 기간별 총요소생산성 증가율 결정요인 분해

(단위: %)

구 분	총요소생산성	기술변화 효과	환경규제 효과	
			간접효과	직접효과
1983~1990	5.207	1.945	-0.570	-0.008
1991~1997	6.030	2.435	0.230	-0.016
1991~1994	4.599	2.072	0.204	-0.014
1995~1997	7.938	2.918	0.264	-0.018
1983~1997	5.618	2.190	-0.170	-0.012

주: 총요소생산성은 지수접근방법으로 추정한 결과이다.

총요소생산성 증가율 결정요인을 기간별로 살펴보면 다음과 같다. 먼저 기술변화 효과는 모든 기간에 양(+)의 값으로 추정이 되어 총요소생산성 증가율을 향상시키고 있는 것으로 나타났다. 한편, 환경규제의 효과(간접효과＋직접효과)는 1983~1997년 기간에 음(－)의 값으로 추정되고 있어 모든 기간에 있어 총요소생산성을 감소시키고 있는 것으로 나타났다.

이러한 환경규제의 효과를 간접효과와 직접효과로 나누어서 설명하면 다음과 같다. 환경규제 간접효과는 1983~1997년 기간에 있어 음(－)의 값으로 나타나 총요소생산성을 하락시키고 있는 것으로 나타났다. 그러나 간접효과는 환경규제가 강화된 1990년대 이후의 기간에는 양(＋)의 값으로 추정되어 환경규제강화로 총요소생산성이 증가하는 것으로 나타났다. 한편 환경규제의 직접효과는 음(－)의 값으로 추정되었으며, 간접효과와 비교하여 작은 값으로 추정이 되고 있어, 환경규제의 직접효과에 대한 영향이 상대적으로 작은 것으로 나타났다. 이것은 오염방지시설 자본비용이 총생산비에서 차지하는 비중이 작기 때문이라고 이해된다.

〈표 Ⅱ-14〉 산업별 기간별 총요소생산성 증가율 결정요인 분해

(단위: %)

구 분		1983~1990	1991~1994	1995~1997	1983~1997
음식료품 및 담배	총요소생산성	3.394	5.090	4.141	4.039
	간접효과	0.027	0.539	0.078	0.185
	직접효과	0.002	-0.011	-0.006	-0.003
섬유의복 가죽	총요소생산성	2.839	7.378	5.899	4.791
	간접효과	0.162	0.222	0.409	0.232
	직접효과	0.002	0.001	0.002	0.002
종이인쇄 출판	총요소생산성	5.152	3.203	2.853	4.103
	간접효과	-0.242	-0.922	-0.054	-0.396
	직접효과	-0.004	-0.030	-0.017	-0.014
화학석유 고무	총요소생산성	7.182	5.583	4.198	6.086
	간접효과	0.135	1.582	1.934	0.934
	직접효과	-0.009	-0.020	-0.027	-0.016
비금속광 물제품	총요소생산성	6.043	3.695	8.058	5.804
	간접효과	-0.043	-0.191	0.053	-0.065
	직접효과	-0.006	-0.017	-0.003	-0.008
제1차금속 제품	총요소생산성	3.995	4.824	5.946	4.650
	간접효과	-0.434	1.146	1.477	0.420
	직접효과	-0.031	-0.010	-0.029	-0.024
조립금속 제품	총요소생산성	8.023	3.303	9.289	6.946
	간접효과	-0.179	-0.967	-3.713	-1.161
	직접효과	-0.002	-0.002	-0.013	-0.004
기계 및 장비	총요소생산성	5.723	5.369	15.108	7.633
	간접효과	-0.819	-0.824	-0.723	-0.780
	직접효과	-0.003	-0.005	-0.001	-0.003
전기전자	총요소생산성	5.073	7.754	3.426	5.486
	간접효과	-3.278	0.090	2.648	-1.046
	직접효과	-0.016	-0.027	-0.074	-0.032
운수장비	총요소생산성	4.312	5.882	12.163	6.443
	간접효과	-1.030	1.369	0.564	-0.003
	직접효과	-0.012	-0.023	-0.009	-0.014

〈표 Ⅱ-14〉는 산업별로 총요소생산성 증가율 결정요인 중 환경규제의 직접효과와 간접효과를 세 기간(1983~1990년, 1991~1994년, 1995~1997년)으로 나누어서 추정한 결과를 정리한 것이다. 추정결과 1983~1997년 기간에 음·식료품 및 담배, 섬유, 의복 및 가죽제품, 화학·석유·고무, 제1차금속을 제외한 나머지 산업은 모든 기간에서 환경오염방지시설의 설치가 직·간접으로 총요소생산성을 하락시키고 있는 것으로 제시되었다. 따라서 대부분의 산업에서 환경오염방지시설은 비용증가 요인 및 생산요소의 결합비율에 작용하여 생산성을 하락시키고 있음을 알 수 있다.

이때 환경오염방지시설의 투자액과 생산성 증가율의 결정요인의 기간별 추이를 비교하면 흥미로운 결과를 찾을 수 있다. 즉, 기간별 환경오염방지시설의 투자액이 점차 확대되는 산업일수록 환경규제가 총요소생산성을 향상시키는 효과가 확대되거나 생산성 감소효과가 축소되고 있다. 〈표 Ⅱ-7〉에서 제시하고 있듯이 종이·종이제품·인쇄·출판, 화학·석유·석탄·고무·플라스틱제품, 조립금속제품, 전기·전자 산업은 오염방지시설 투자액의 규모가 점차로 확대되어 1995~1997년이 가장 큰 산업이다.

이들 산업 역시 환경규제강화의 직접 및 간접효과는 총요소생산성을 하락시키고 있으나, 총요소생산성을 하락시키는 폭이 점차 축소하여 1995~1997년 기간에는 그 폭이 가장 작다. 결국 이러한 산업은 초기에는 오염방지시설이 비용증가요인으로 생산성을 하락시키고 있지만, 일정기간이 경과함에 따라 생산공정개선 등 기술진보로 생산성 향상을 기대할 수 있는 산업으로 이해할 수 있다.

한편, 음·식료품 및 담배, 비금속광물제품, 기계 및 장비, 운수장비 제조업은 1991~1994년 기간에 오염방지시설에 대한 투자액이 가장 큰데, 이 기간에 생산성을 가장 크게 하락시키고 있는 것으로 나타났다. 이러한 결과로 미루어 볼 때, 산업특성에 따라 환경규제강화에 따른 비용증

가 요인을 기술개발로 흡수하여 생산성 하락을 축소하는 산업도 존재하
며, 반면 비용증가로 생산성 하락을 그대로 허용하는 산업이 존재함을
알 수 있다.

〈표 Ⅱ-15〉 총요소생산성 증가율에 대한 환경규제의 영향(1)

(단위: %, %p)

구 분	환경규제의 영향(%)[1]				기간별 차이(%p)	
	전체효과(직접+간접)		간접효과		차 이	차 이
산 업	1983~1990 (A)	1991~1997 (B)	1983~1990 (C)	1991~1997 (D)	B-A	D-C
음식료품 및 담배	0.030	0.333	0.027	0.342	0.303 (0.01)	0.314 (0.00)
섬유의복가죽	0.165	0.304	0.162	0.303	0.140 (0.47)	0.140 (0.00)
종이인쇄출판	-0.247	-0.574	-0.242	-0.550	-0.328 (0.34)	-0.308 (0.18)
화학석유고무	0.125	1.710	0.135	1.733	1.585 (0.01)	1.598 (0.00)
비금속과물제품	-0.049	-0.097	-0.043	-0.086	-0.049 (0.56)	-0.044 (0.00)
제1차금속제품	-0.465	1.256	-0.434	1.275	1.721 (0.02)	1.709 (0.01)
조립금속제품	-0.182	-2.151	-0.179	-2.144	-1.969 (0.18)	-1.965 (0.01)
기계 및 장비	-0.823	-0.784	-0.819	-0.781	0.039 (0.95)	0.039 (0.20)
전기전자	-3.294	1.139	-3.278	1.186	4.433 (0.00)	4.464 (0.00)
운수장비	-1.042	1.007	-1.030	1.024	2.049 (0.01)	2.053 (0.00)

주: 1) 환경규제의 총요소생산성 증가율에 대한 영향임.
　　( )안의 숫자는 기간별로 생산성 차이가 없다는 귀무가설을 채택하는 유의수준을
　　나타냄.

 이상의 결과를 정리하여 환경규제가 총요소생산성 증가율에 대한 영
향을 기간별로 비교한 것을 〈표 Ⅱ-15〉와 〈표 Ⅱ-16〉에 정리하였다.
먼저 〈표 Ⅱ-15〉에 제시하고 있는 바와 같이 환경규제의 전체효과(간
접＋직접)를 산업별로 살펴보면 다음과 같다. 1980년대와 1990년대의 두
기간을 비교하여 보았을 때, 종이·인쇄·출판, 비금속광물제품, 조립금
속제품 산업을 제외한 대부분의 산업에서 1980년대보다 1990년대에 환경
규제로 인한 총요소생산성의 감소가 축소하는 것으로 나타났다.

 특히 전기·전자산업의 경우 이러한 효과가 현저하게 나타났는데, 환
경규제의 간접효과로 인하여 총요소생산성 증가율이 4.464%p 증가한 것
으로 나타났다.

 앞에서도 밝힌 바와 같이 1990년 이후에 1980년대와 비교하여 환경규
제가 강화되었다고 볼 수 있다. 환경규제가 강화되었음에도 불구하고
1980년대와 비교하여 1990년대에 환경규제로 인한 총요소생산성에 미치
는 효과가 확대되고 있다는 것은 환경규제가 총요소생산성에 미치는 부
정적인 영향이 축소되고 있다는 것을 시사한다. 특히 이러한 효과가 환
경규제의 간접효과에서 유도되고 있다는 것은 환경규제가 강화되어 기업
들이 생산을 효율적으로 이용하여 생산성 감소가 축소되고 있는 것으로
해석할 수 있다.

〈표 Ⅱ-16〉 총요소생산성 증가율에 대한 환경규제의 영향(2)

(단위: %, %p)

구 분	환경규제의 영향(%)				기간별 차이(%p)	
	전체효과(직접+간접)		간접효과		차 이	차 이
산 업	1991~1994 (A)	1995~1997 (B)	1991~1994 (C)	1995~1997 (D)	B-A	D-C
음식료품 및 담배	0.529	0.072	0.539	0.078	-0.456 (0.00)	-0.461 (0.01)
섬유의복가죽	0.223	0.412	0.222	0.409	0.188 (0.65)	0.187 (0.00)
종이인쇄출판	-0.952	-0.071	-0.922	-0.054	0.881 (0.09)	0.868 (0.05)
화학석유고무	1.562	1.908	1.582	1.934	0.346 (0.75)	0.353 (0.07)
비금속광물제품	-0.208	0.050	-0.191	0.053	0.258 (0.00)	0.244 (0.18)
제1차금속제품	1.136	1.418	1.146	1.447	0.282 (0.81)	0.301 (0.02)
조립금속제품	-0.969	-3.726	-0.967	-3.713	-2.757 (0.33)	-2.746 (0.00)
기계 및 장비	-0.829	-0.724	-0.824	-0.723	0.105 (0.86)	0.101 (0.01)
전기전자	0.063	2.574	0.090	2.648	2.511 (0.02)	2.557 (0.28)
운수장비	1.346	0.555	1.369	0.564	-0.791 (0.21)	-0.805 (0.45)

주: ( )안의 숫자는 기간별로 생산성 차이가 없다는 귀무가설을 채택하는 유의수준을
   나타냄.

〈표 Ⅱ-16〉의 1991~1994년과 1995~1997년 기간을 비교하여 환경규
제의 전체효과(간접+직접)를 산업별로 살펴보면 다음과 같다. 1990년대

상반기에 비하여 1990년대 하반기에 환경규제강화로 총요소생산성 하락을 확대시키는 산업은 음·식료품 및 담배, 조립금속제품, 운수장비 산업이며, 그 밖의 산업은 모두 환경규제강화가 총요소생산성 하락을 축소시키고 있는 것으로 나타났다. 특히 모든 산업에서 제시된 1990년대 상반기와 하반기의 차이는 간접효과에 기인함을 알 수 있다.

이러한 결과를 환경규제로 발생한 오염방지시설의 투자비율과의 관계에서 살펴보면 다음과 같다. 첫째, 환경규제가 강화된 기간에는 환경규제가 총요소생산성 하락을 축소시키고 있는 것으로 제시되었다. 즉, 1990년대 하반기가 상반기에 비해서 오염방지시설에 대한 투자가 더 높은 동시에 총요소생산성 하락을 가져오는 환경규제 효과가 점차 축소되고 있는 것으로 나타났다.

둘째, 산업별로 비교해 볼 때, 오염방지시설 투자가 기간이 경과함에 따라 1995~1997년 기간에 가장 높은 산업이나, 1991~1994년 기간에 가장 높은 산업이나 관계없이 1995~1997년 기간에 환경규제로 인한 총요소생산성 하락의 축소가 가장 크게 나타났다. 즉, 환경오염방지 시설이 비용증가 요인으로 생산성을 하락시키고 있으나, 그 효과가 점차 축소되고 있으며 산업별 특성은 나타나지 않는 것을 보여준다.

이러한 사실은 〈표 Ⅱ-7〉의 산업별 오염방지지설 투자액이 총투자액에서 차지하는 비율에서 산업별로 크게 다르게 나타나지 않고 있어 이러한 결과가 추정되었을 것이라고 이해된다. 요컨대 1990년 후반기가 전반기와 비교하여 환경규제강화가 심화되었지만, 1980년대와 1990년대를 비교하는 것처럼 환경규제의 강화가 산업별 특성으로 나타날 만큼 큰 차이를 보이지 않는 것으로 이해된다.

6. 요약 및 결론

본 연구에서는 제조업에 있어 환경규제강화와 생산성이 어떠한 관계를 갖는가에 대해서 분석하였으며, 환경규제강화의 생산성 효과를 직접효과와 간접효과로 나누어서 분석하였다. 이러한 환경규제강화의 생산성 효과를 실증분석하기 위해 1983~1997년 기간의 제조업 산업별 자료를 이용하여 지수접근방법으로 총요소생산성을 추정하였으며, 비용함수를 이용하여 총요소생산성의 결정요인을 산출물 효과, 기술변화 효과, 환경규제 효과(직접효과, 간접효과)로 나누어서 분석하였다.

또한 환경규제강화에 대한 총요소생산성 변화를 분석하기 위해 1983~1990년과 1991~1997년 두 기간으로 나누어서 살펴보았으며, 1990년대의 오염방지시설의 특징을 명확하게 하기 위해서 1991~1994년 기간과 1995~1997년 기간으로 구분하였다.

환경규제강화와 생산성의 실증분석 결과를 요약하여 제시하면 다음과 같다. 첫째, 최근의 기간일수록 총요소생산성 증가율은 하락하고 있는 것으로 나타났다. 또한 산업별로 구분하지 않고 연도별 자료에 기초한 총요소생산성 증가율은 시간이 경과함에 따라 총요소생산성과 오염방지시설이 동시에 증가하고 있는 것으로 제시되어 환경규제강화가 생산성 향상을 가져온 것으로 나타났다. 그러나 산업별로 구분하여 총요소생산성 증가율과 환경규제강화 간의 관계를 파악한 결과에서는 서로 상반되는 결과를 나타내고 있어 이를 보다 더 명확하게 규명하기 위해서는 총요소생산성 결정요인을 분석할 필요가 있었다.

둘째, 기술변화에 대한 가설을 기각함으로써 기술변화가 생산성 변화에 영향을 주는 것으로 나타났다. 힉스－중립적 기술변화에 대한 가설을 기각하여 기술변화가 힉스－중립적으로 일어나지 않는 것으로 나타났다. 환경규제의 생산성 간접효과에 대한 가설을 기각하여 환경규제가 생산성에 간접적으로 영향을 주는 것으로 나타났다.

셋째, 환경규제의 총요소생산성 변화에 대한 효과는 직접효과보다 간접효과에 의한 효과가 더 크게 나타났다. 즉 환경규제로 인한 오염방지시설 도입의 비용증가 혹은 감소로 인한 생산성 변화효과보다 오염방지시설 도입으로 인한 생산투입요소 즉 자본, 노동, 중간투입물의 수요 및 결합비율에 영향을 주어 생산성에 영향을 주는 효과가 더 크게 나타나고 있음을 알 수 있었다.

넷째, 1980년대와 비교하여 환경규제가 강화된 1990년대 기간에 환경규제로 인한 총요소생산성에 미치는 부정적인 영향이 감소하는 것으로 나타났다. 특히 이러한 효과가 환경규제의 간접효과에서 유도되었으며, 환경규제가 강화되어 기업들이 생산을 효율적으로 이용하여 생산성에 부정적인 영향이 감소했을 것이라고 생각할 수 있다.

마지막으로 환경규제가 강화된 시기에 환경규제의 부정적인 생산성 영향이 감소했다는 것은 환경규제강화가 단지 기업의 비용 상승으로 인한 생산성 감소로 이어지지 않고 오히려 경쟁력을 강화시켜 환경오염의 감소와 경쟁력 강화라는 두 마리 토끼를 잡을 수 있다는 측면에서 본 연구의 실증분석 결과는 정책적으로 시사하는 바가 크다고 볼 수 있다.

Ⅲ. 환경규제강화와 효율성 분석[61]

1. 서 론

효율성 개념은 연구목적에 따라 여러 가지 의미를 갖는다. 본 연구에서는 환경규제강화에 대해 산출물을 생산하는 과정에서 투입물의 사용이나 결합이 얼마나 효과적으로 이루어지는가에 관심을 갖고 있어 효율성을 비용효율성(cost efficiency) 개념으로 정의할 수 있다. 환경규제강화와 생산성 분석에서 제시하고 있는 바와 같이 환경규제로 인해 생산성에 간접적인 영향이 있음을 나타내고 있다.

즉 환경규제로 인해 생산적 생산요소(자본, 노동, 중간투입물)의 수요와 생산요소의 결합관계에 영향을 주는 것으로 밝히고 있다. 이러한 사실은 환경규제강화가 투입물 간의 결합이나 투입물의 효과적 이용에 영향을 주고 있는 것을 나타내며, 환경규제강화가 효율성에 긍정적인 영향을 줄 수도 있고 부정적인 영향을 줄 수도 있다는 것을 의미한다. 따라서 본 장에서는 환경규제 또는 환경규제강화와 효율성과의 관계에 대해서 분석하고자 하는 데 그 목적이 있다.

효율성에 대한 분석은 주로 기업, 은행, 산업 등을 대상으로 여러 측면에서 연구가 이루어지고 있으나, 환경규제와 관련된 효율성 분석은 많이 이루어지고 있지 않다. 그런데 최근의 연구로 Boyd and McClelland(1999)가 있다.

Boyd and McClelland(1999)는 공장단위(plant level)의 종이산업을 대상으로 1988~1992년 기간에 있어 DEA(data envelopment approach) 방

---

61) 본 내용은 『산업경제연구』, 제16권 제3호, 2003, pp.85-107에 게제 되었습니다.

법을 이용하여 환경규제와 효율성 간의 관계를 분석하고 있다. 이들의 연구결과에 의하면 환경규제강화로 오염배출량이 줄어들고 생산이 늘어날 수 있다는 Porter 가설을 어느 정도 지지하면서도, 환경규제로 인해 잠재적으로 생산감소가 있음을 밝히고 있다. 즉 환경규제로 오염배출량과 생산요소의 이용이 2~8% 감소하는 것으로 추정하고 있으나, 환경규제로 생산효율성이 9.4% 감소하는 것으로 추정하고 있다. 국내연구로 환경규제와 효율성에 대한 분석은 아직까지 없는 것으로 사료된다.

비용함수는 주어진 산출량을 최소의 비용으로 생산할 수 있는 투입요소와의 관계를 나타내기 때문에 비용함수를 추정을 통해 효율성을 추정할 수 있다. 그러나 비용함수를 추정하는 전통적인 회귀분석방법은 주어진 산출량과 최소의 비용으로 생산할 수 있는 투입요소량과의 관계를 나타내기 보다 산출량과 실제로 소요되는 평균요소투입량 간의 관계를 추정하게 되므로 효율성 측정은 불가능하다.

따라서 Ⅲ 장에서는 환경규제와 효율성 분석을 위해 Aigner et al.(1977) 과 Meeusen and Breock(1977)에 의해서 처음 개발된 SFA 방법 (stochastic frontier approach)을 이용하여 효율성을 분석하고 있다. 또한 환경규제의 효율성 분석을 위해 환경규제가 없는 경우와 환경규제가 존재하는 두 경우를 나누어서 효율성을 산업별로 추정하여 비교하고 있다.

Ⅲ 장의 구성은 다음과 같다. 2절에서는 효율성 개념에 대해서 설명하고 있다. 3절에서는 효율성을 추정하기 위한 분석방법에 대해서 설명하고 있다. 4절에서는 본 연구에서 효율성을 추정하기 위한 추정모형을 설명하고 있다. 5절에서는 효율성 추정결과에 대해서 설명하고 있으며, 6절은 요약 및 결론으로 끝을 맺는다.

2. 효율성 개념

Farrel(1957)은 효율성(efficiency)을 기술적 효율성(technical efficiency, TE)과 배분적 효율성(allocative efficiency, AE)으로 나누어서 설명하고 있다. 기술적 효율성은 기업이 주어진 투입물로부터 생산할 수 있는 최대한 산출수준의 능력을 나타내고, 배분적 효율성은 생산요소의 최적의 결합이 되도록 생산요소를 사용할 수 있는 능력을 나타낸다. 이러한 효율성 개념을 투입물 측면과 산출물 측면에서 설명할 수 있다.

투입물 측면에서 효율성 개념을 설명하기 위해 〈그림 Ⅲ-1〉을 보면, 어떤 기업이 규모의 수익불변하에서 두 가지 투입요소(x_1, x_2)와 한 가지 산출물(y)를 생산한다고 하자. SS'는 산출물 단위당 등량곡선(unit iso-quant curve)을 나타내고, AA'는 주어진 투입물가격하에서 등비용곡선(iso-cost curve)을 나타낸다. 만약 기업이 한 단위의 산출물을 생산하기 위해 P에서 생산을 한다면 기술적 비효율성[62]은 QP로 나타낼 수 있다. 즉 QP는 산출량의 감소 없이도 투입량을 감소시킬 수 있는 양을 나타낸다. 이러한 기술적 비효율성을 비율로 나타내면 QP/OP로 나타낼 수 있다. 따라서 기술적 효율성은 다음과 같은 비율로 나타낼 수 있다.

$$TE = \frac{OQ}{OP} = 1 - \frac{QP}{OP}$$

TE는 0과 1 사이의 값을 갖고, 1은 기술적으로 효율적인 생산수준을 나타낸다.

---

[62] 기술적 비효율성은 주어진 산출물을 생산하기 위해서 필요한 투입물보다 더 많이 사용하기 때문에 발생하는 비효율성으로 요소 내 비효율성(within inefficiency)으로 표현할 수 있다(이영수·정용관, 2000).

배분적 효율성은 투입요소의 최적결합을 나타낸 것이다. 〈그림 Ⅲ-1〉에서 P에서 생산이 이루어 질 때 RQ는 투입요소의 결합이 최적결합 수준으로 이루어지지 않아서 생길 수 있는 생산비용의 증가를 나타내는 것으로 배분적 비효율성[63]을 나타낸다. 즉 Q′에서 생산이 되는 것이 최적이지만, 실제로 두 투입물 간의 결합은 P점에서 이루어지기 때문에 발생하는 비효율성이다. 따라서 배분적 효율성은 다음과 같은 비율로 나타낼 수 있다.

$$AE = \frac{OR}{OQ}$$

AE는 0과 1 사이의 값을 갖고, 1은 투입요소를 최적비율로 결합한 생산수준을 나타낸다. 따라서 전체 경제적 효율성(기술적 효율성+배분적 효율성, economic efficiency, EE)은 다음과 같은 비율로 정의된다.

$$TE \times AE = \frac{OQ}{OP} \times \frac{OR}{OQ} = \frac{OR}{OP} = EE$$

___

63) 배분적 비효율성은 투입물 간의 결함이 최적의 상태에서 결합되지 않기 때문에 발생하는 비효율성으로 요소 간 비효율성(between inefficiency)으로 표현할 수 있다(이영수·정용관, 2000).

〈그림 Ⅲ-1〉 투입물의 효율성

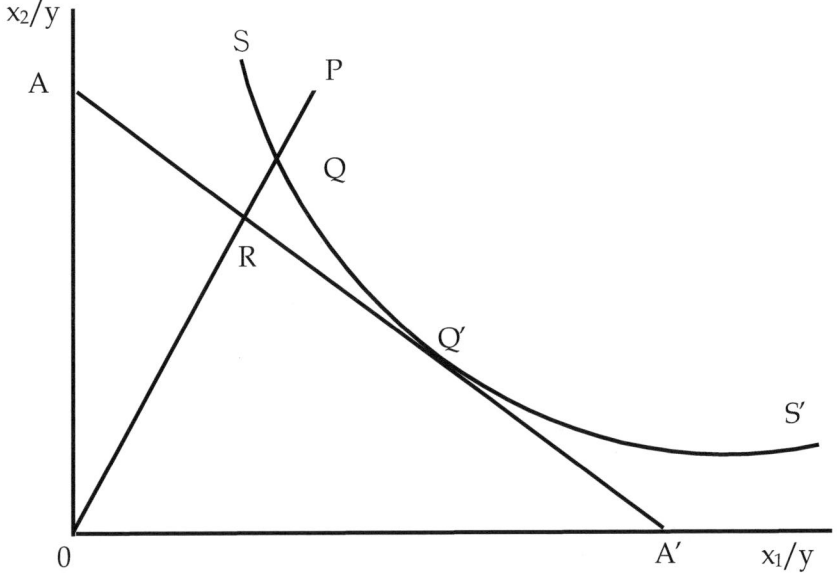

산출물 측면에서 효율성 개념을 설명하기 위해 〈그림 Ⅲ-2〉를 보면, 규모의 수익불변하[64]에서 하나의 투입요소(x)와 두 가지 산출물(y_1, y_2)을 생산한다고 하자. ZZ'는 생산가능곡선을 나타내고 DD'는 주어진 산출물가격에서 등수입곡선(iso-revenue curve)을 나타낸다. 만약 산출물 생산이 A에서 이루어진다면 기술적 비효율성(technical inefficiency)은 AB로 나타낼 수 있다. 즉 AB는 투입요소의 증가 없이 산출물 생산을 증가시킬 수 있는 양을 나타낸다. 따라서 기술적 효율성은 다음과 같은

---

64) 규모의 수익불변이 아닌 경우 규모의 비효율성(scale efficiency)을 생각할 수 있다. 규모의 비효율성은 산출물의 평균비용이 최소효율규모(minimum efficient scale)에서 생산되지 않기 때문에 발생하는 비효율성으로 산출물의 변화에 따른 비용의 변화에 의해서 결정된다. 규모의 수익증가(increasing returns to scale) 또는 규모의 수익감소(decreasing returns to scale)에서는 규모의 비효율성이 발생하고, 규모의 수익불변(constant returns to scale)에서는 규모의 효율성이 발생한다(이영수, 1993).

비율로 나타낼 수 있다.[65]

$$TE = \frac{OA}{OB}$$

배분적 효율성은 투입요소의 최적결합을 나타낸 것이다. 〈그림 Ⅲ-2〉에서 A에서 생산이 이루어 질 때 BP는 투입요소의 결합이 최적결합 수준으로 이루어지지 않아 생길 수 있는 수입(revenue)의 감소를 나타내는 것으로 배분적 비효율성을 나타낸다. 즉 B'에서 생산이 되는 것이 최적이지만, 실제로 생산은 B점에서 이루어지기 때문에 발생하는 비효율성이다. 따라서 배분적 효율성은 다음과 같은 비율로 나타낼 수 있다.

$$BE = \frac{OB}{OP}$$

또한 전체 경제적 효율성은 다음과 같은 비율로 정의된다.

$$EE = \frac{OA}{OP} = \frac{OA}{OB} \times \frac{OB}{OP} = TE \times AE$$

---

65) Fare *et al.*(1985, 1994) 참조.

〈그림 Ⅲ-2〉 산출물의 효율성

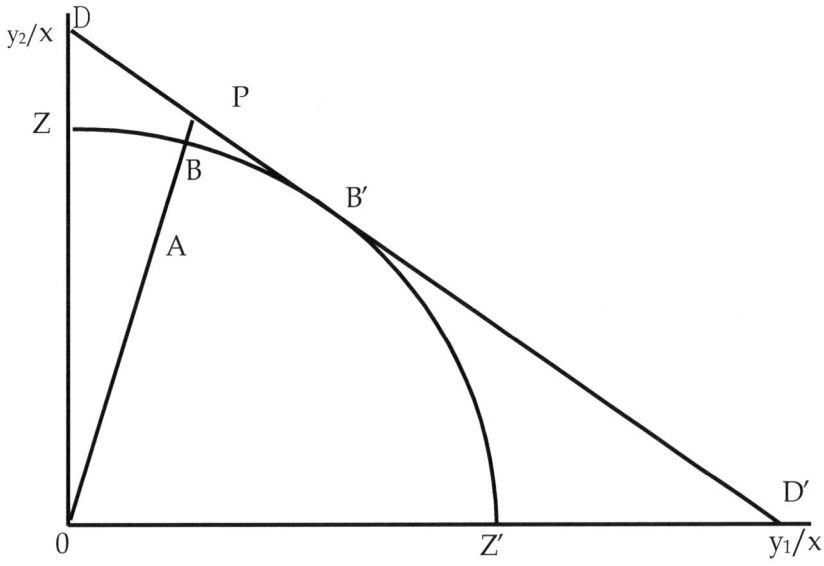

3. 효율성 추정방법

일반적으로 기업은 비용구조나 생산기술이 알려져 있지 않기 때문에, 비효율성은 자료에 의해서 추정된 가장 효율적인 생산프론티어(production frontier) 또는 비용프론티어(cost frontier)로부터 얼마나 벗어나 있는 것으로 정의된다. 즉, 비효율성은 실제 생산기술에 따라 결정되기보다는 추정된 결과로 가장 효율적인 생산프론티어에 속한 기업으로부터 벗어난 정도를 추정하는 상대적인 개념이다. 이러한 비효율성을 추정하는 방법에는 크게 비모수접근방법(non-parametric analysis)과 모수접근방법(parametric analysis)의 두 가지 방법으로 나누어진다.[66]

---

66) 이영수·정용관(2000).

비모수접근방법으로는 DEA 방법(data envelopment approach)[67]을 이용한 추정방법을 들 수 있다. DEA 방법은 다수의 투입요소와 다수의 산출요소의 크기만을 비교하여 의사결정단위(decision making units)들의 상대적 효율성을 측정하는 방법이다.

DEA 방법은 효율성 프론티어를 추정하기 위해 선형계획법(linear programming technique)을 이용하며, 통계 자료로부터 효율성 프런티어를 설정한 후에 통계 자료로부터 추정한 효율성 프런티어로부터 특정 단위의 투입물(산출물) 조합까지의 거리를 효율성 지표로 계산한다. 효율성 프런티어의 선상에 위치한 기업은 효율적인 기업으로 간주하고 비효율적인 기업은 프론티어 선과 얼마나 떨어져 있는가에 따라 결정된다.

DEA 접근방법의 장점으로는 효율성을 추정하기 위해 투입요소와 산출요소 간의 함수관계를 사전에 설정할 필요가 없어 모수를 추정하지 않아도 된다. 한편 DEA 접근방법의 단점으로는 교란항(disturbance term)의 변동 중에서 확률오차항(random error)의 변동은 허용하지 않고 모든 변동이 비효율성에 의한 것으로 간주하는 비모수적 접근방법이라는 것이다.

즉 DEA 접근방법은 프론티어 경계를 벗어난 부분을 비효율성으로만 간주하기 때문에 측정오차(measurement error), 경영실수, 행운(luck), 파업, 날씨 등과 같은 확률오차항의 변동을 고려하지 못한다. 확률오차항의 변동을 고려하지 않고 효율성을 추정하게 되면 효율성 추정 자체가 의미를 가질 수 없을 뿐만 아니라 확률오차가 추정된 효율성에 포함되어 잘못 해석될 수 있는 문제점이 있을 수 있다.

또 다른 문제점으로는 DEA 접근방법은 산출물과 투입물을 설정하는 방법에 따라 민감하게 반응하며 표본에 특이치(outliers)가 포함되어 있는 경우 이들에 의해 효율성이 영향을 받는 다는 것이다.

모수접근방법은 전통적인 생산함수 혹은 비용함수의 교란항에 비효율성

---

67) Charnes *et al.*(1978), Lovell(1993), Coelli(1998) 참조.

이 포함되어 있으며, 비효율성은 교란항에서 측정오차, 경영실수, 행운, 파업, 날씨 등과 같은 확률오차 변동을 제거함으로써 추정할 수 있다. 교란항에서 측정오차, 경영실수, 행운, 파업, 날씨 등과 같은 확률오차항의 변동부분과 비효율성을 구분하기 위해서 어떤 가정을 하는가에 따라 SFA 방법(stochastic frontier approach), TFA 방법(thick frontier approach), DFA 방법(distribution frontier approach)으로 나눌 수 있다.

SFA 방법[68]은 교란항을 확률오차의 변동과 비효율성으로 나누어 비효율성을 추정한다. 확률오차항의 변동부분과 비효율성을 구분하기 위해서 다음과 같은 가정을 한다.

교란항에서 확률오차항의 변동부분은 대칭적인 정규분포(normal distribution)를 가정하고, 비효율성 부분은 양(+)의 값을 갖는 비대칭적 반정규분포(asymmetric half normal distribution)를 가정한다. 이러한 이유는 확률오차항의 변동이 생산 혹은 비용을 증가시킬 수도 있고 감소시킬 수도 있지만, 비효율성은 생산프론티어에서 생산을 감소시키고 비용프로티어에서는 비용을 증가시키기 때문이다.

SFA 방법의 문제점은 비효율성에 대한 확률분포를 선정하는 데 선험적인(a priori)인 판단기준이 일반적으로 없다는 것이다. 이러한 문제점을 해결하기 위해 Stevenson(1980)은 비대칭적 정규분포(truncated normal distribution), Green(1980, 1990)은 감마분포(gamma distribution)와 같은 일반적인 분포형태를 제시하고 있다.

TFA 방법[69]은 프론티어 경계(frontier edge)를 추정하는 대신 'thick frontier'를 추정하여 'thick frontier'로부터 어느 정도 떨어져 있는 것으로 비효율성을 추정한다. 기업의 평균비용을 크기순으로 배열한 다음 상

---

68) Aigner et al.(1977), Meeusen and Broeck(1977), Green(1993), Kalirajan and, Shand(1999) 참조.
69) Berger and Humphrey(1992), Bauer et al.(1993), Kumbhakar and Lovell(2000) 참조.

위 25%에 속한 기업들과 하위 25%에 해당하는 기업들의 비용함수를 추정한다. 하위 25%에 해당하는 기업들은 평균 이상의 효율성을 갖는다고 가정하고 'thick frontier'를 형성한다. 마찬가지로 상위 25%에 해당하는 기업들은 평균 이하의 효율성을 갖는다고 가정하고 'thick frontier'를 형성한다. 상위 25%, 하위 25%에서 추정되는 비용의 오차는 확률오차항의 변동을 나타내고, 상위 25%, 하위 25% 간의 차에서 추정된 오차는 비효율성을 나타낸다.

이러한 TFA 방법은 비효율성은 'thick frontier' 간의 차이를 비효율성으로 추정하고 있기 때문에 비효율성의 분포가 양(+)의 값을 갖는 비대칭적 반정규분포의 가정을 배제하는 장점이 있다.

그러나 TFA 방법의 문제점으로는 추정된 효율성이 어떤 부분이 확률오차항의 변동이고, 어떤 부분이 효율성 차이를 나타내는가에 대한 가정이 분명하지 않다. 예를 들어 확률오차항 변동이 꼬리부분이 두꺼운 분포(thick tailed distribution)를 가지면서 절대값이 크고, 비효율성은 꼬리부분이 얇은 분포(thin tailed distribution)를 갖고 절대값이 작다면, TFA 방법에 의한 비효율성 추정은 확률오차항(random error) 변동으로 해석할 수 있게 된다.

또한 평균비용에 기초해서 임의적으로 사전에 분류하여 4분위수를 구성하는 것이 추정값에 편의(bias)를 가져올 수 있으며, TFA 방법은 비효율성 추정을 위해 전체 자료의 50%만을 이용하기 때문에 자유도의 문제가 발생할 수 있다.[70]

DFA 방법[71]은 SFA 방법과 마찬가지로 함수형태를 명시적으로 설정하고 교란항이 확률오차항과 비효율성으로 구성되어 있다고 가정한다. 그러나 DFA 방법은 SFA 방법과는 다르게 확률오차항과 비효율성의 확

---

70) 이영수(1993), Bauer et al.(1993), Kumbhakar and Lovell(2000) 참조.
71) Schmidt and Sickles(1984), Kumbhakar and Lovell(2000) 참조.

률분포에 대해서 구체적인 가정을 하지 않는다.

즉 확률오차항 변동이 시간이 지남에 따라 서로 상쇄되기 때문에 비효율성은 일정한 추세로부터 안정적으로 변한다고 가정함으로써 교란항의 분포에 대한 가정을 대신한다. 이러한 의미에서 비효율성이나 확률오차항의 변동에 대한 분포에 부과된 가정이 거의 없다는 측면에서, 상대적으로 분포에 자유로운(distribution free) 방법을 택한다고 볼 수 있다.

그러나 DFA 방법은 비효율성이 시간에 대해서 안정적이고 교란항 변동이 평준화된다는 방법을 사용하기 때문에 풍부한 시계열 자료를 필요로 하며 횡단면 자료를 이용하여 비효율성을 추정할 수 없다. 즉 시계열 자료의 수가 적으면 확률오차항이 평균적으로 0이 되지 않기 때문에 많은 부분의 확률오차항이 비효율성 부분에 포함되어 효율성이 과장되어 추정될 수 있는 문제점이 있을 수 있다.[72]

지금까지 비효율성 추정방법에 대해서 설명하였다. 앞서 설명한 바와 같이 각각의 추정방법에 따라 장점과 단점을 가지고 있으며, 사용목적에 따라 비효율성 추정방법이 선택된다.

즉 DEA 접근방법은 효율성을 추정하기 위해 투입요소와 산출요소 간의 함수관계를 사전에 설정할 필요가 없어 모수를 추정을 하지 않아도 되는 장점이 있다. 그러나 교란항의 변동 중에서 확률오차항의 변동은 허용하지 않고 모든 변동이 비효율성에 의한 것으로 간주하기 때문에 모수적 추정방법과 비교하여 비효율성이 과도하게 추정될 수 있는 단점이 있다.

한편 TFA 방법은 교란항의 분포를 임의적으로 가정하지 않아도 되는 장점이 있는 반면, 앞에서 설명한 바와 같이 개별 기업 혹은 개별 산업 자료를 평균비용을 중심으로 상위 25%, 하위 25%로 구분하여 비효율성을 분석하는 경우 상위 25%, 하위 25%에 해당하는 기업군 혹은 산업군

---

72) 이영수(1993), Kumbhakar and Lovell(2000) 참조.

의 비효율성 정도를 비교할 수 있을 뿐 개별 기업 혹은 개별 산업의 비효율성 차이는 분석할 수 없다.

DFA 방법 역시 TFA 방법과 마찬가지로 교란항의 분포를 임의적으로 가정하지 않아도 되는 장점이 있으나, 교란항의 추정치인 잔차항을 이용하여 연도별 평균을 구하고 평균이 제일 작은 경우가 가장 효율적인 기업 혹은 산업이 되고, 제일 작은 잔차항에서 나머지 기업 혹은 산업들의 평균 잔차항을 차감한 나머지 기업 혹은 산업들의 비효율성이 된다. 이러한 경우 패널 자료를 이용하여 분석하는 경우 비효율성 수준의 연도별 차이는 알 수 없고, 단지 횡단면 자료에 기초한 기업별, 산업별 차이만 알 수 있다.

본 연구에서는 산업별 패널 자료를 이용하여 환경규제강화와 비효율성의 산업별 차이와 연도별 추이를 살펴보고자 하는 데 초점이 있다. 따라서 DEA 방법을 이용하여 비효율성을 추정하는 경우 비효율성을 과도하게 추정할 수 있고, TFA 방법과 DFA 방법을 이용하여 추정하는 경우 개별 산업의 비효율성 차이와 연도별 추이를 분석할 수 없기 때문에 SFA 방법을 이용하여 환경규제강화로 인한 비효율성의 산업별 차이, 연도별 추이를 분석하고 있다.

4. 효율성 추정모형[73]

$Q = (Q_1, \ldots, Q_M)$은 산출물 벡터, $X = X(X_1, \ldots, X_J)$는 가변투입요소의 벡터, $Z = Z(Z_1, \ldots, Z_N)$는 준고정투입요소의 벡터를 나타낸다고 할 때 생산기술을 나타내는 생산가능경계(production possibility

---

73) Kumbhakar *et al.*(1999), Kumbhakar and Lovell(2000) 참조.

frontier)는 다음과 같은 변형함수로 나타낼 수 있다.

$$F(Q, e^u X, Z, T) = 0 , \qquad (Ⅲ-1)$$

여기서 T는 시간을 나타내고 u는 $u \geq 0$이며[74] 기술적 비효율성과 배분적 비효율성을 나타낸다. 생산자는 최소비용으로 생산한다고 가정할 때 가변투입요소의 최적수준은 비효율성에 영향을 받게 된다. 비효율성을 고려할 때 생산자의 비용극소화 최적화 문제는 다음과 같이 나타낼 수 있다.

$$\min \; w'X \Leftrightarrow \min \; w' e^u X$$
$$s.t. \; F(Q, e^u X, Z, T) = 0 , \qquad (Ⅲ-2)$$

여기서 $w = w(w_1, \ldots w_J)$은 가변투입요소의 가격벡터를 나타낸다. 식 (Ⅲ-2)의 최적화 문제를 풀면 비효율성을 고려한 비용함수는 다음과 같이 나타낼 수 있다.

$$\widehat{C^a} \equiv \widehat{C^a}(we^y, Z, Q, T) = \sum_J w_J \phi_J(.) , \qquad (Ⅲ-3)$$

여기서 $\phi_J(.)$는 식 (Ⅲ-2)로부터 얻은 해를 나타낸다. 비용프런티어 (cost frontier)를 $\widehat{C^f} \equiv \widehat{C^f}(w, Z, Q, T)$으로 정의하고 비용함수 $\widehat{C^a}$과 $\widehat{C^f}$에 로그를 취하면 $\widehat{C^a}$과 $\widehat{C^f}$는 다음과 같은 관계로 나타낼 수 있다.

---

74) 비효율성은 e^u로 측정된다.

$$\ln \widehat{C}^{\,a} = \quad \ln \widehat{C}^{\,f}(w, Z, Q, T) + v + u,$$

$$u = u_T + u_A$$
$$v \sim iidN(0, \ \sigma_v^2)$$
$$u \sim iidN^+(0, \ \sigma_u^2).$$

$(\text{III}-4)$

여기서 v는 교란항에서 비효율성을 제외한 확률오차를 나타내고, u_T 는 기술적 비효율성으로 나타나는 비용의 증가, u_A는 배분적 비효율성 으로 야기되는 비용의 증가를 나타낸다. 또한 투입요소의 비용몫 방정식 (share equation)은 셰퍼드정리(Shephard's Lemma)를 이용하여 다음과 같이 나타낼 수 있다.

$$\widehat{S}_j^{\,a} = \quad \widehat{S}_j^{\,f} + v + \eta_j, \quad j = 1, 2, \ldots \ldots J$$
$$v \sim iidN(0, \ \sigma_v^2)$$
$$\eta_j \sim iidN(0, \ \Sigma).$$

$(\text{III}-5)$

여기서 $\widehat{S}_j^{\,a}$는 비효율성을 고려하는 경우의 j투입요소의 비용몫 방정식 을 나타내며, $\widehat{S}_j^{\,f}$는 효율적인 비용몫 방정식을 나타낸다. 또한 η_j는 투입물 의 왜곡 정도를 나타내는 배분 비효율성을 나타낸다.

비용함수 식 (III-4)를 추정하기 위해 초월대수비용함수를 가정하면 다음과 같다.

$$\ln \widehat{C} = \beta_0 + \sum_i \beta_i \ln P_i + 0.5 \sum_i \sum_j \gamma_{ij} \ln P_i \ln P_j + \beta_T T + 0.5 \gamma_{TT} T^2$$
$$+ \beta_A \ln A + 0.5 \gamma_{AA} \ln A^2 + \gamma_{AT} \ln A T + \beta_Q \ln Q$$
$$+ 0.5 \gamma_{QQ} \ln Q^2 + \sum_i \gamma_{iQ} \ln P_i \ln Q + \sum_i \gamma_{iA} \ln P_i \ln A$$
$$+ \sum_i \gamma_{iT} \ln P_i T + \gamma_{AQ} \ln A \ln Q + \gamma_{QT} \ln Q T + v + u,$$

$(\text{III}-6)$

$$i, j = K, L, M.$$

또한 식 (Ⅲ-6)으로부터 셰퍼드정리를 이용하여 다음의 투입요소의
비용몫 방정식(share equation) S_i를 구할 수 있다.

$$\widehat{S_i} = \frac{\partial \ln \widehat{C}}{\partial \ln P_i}$$

$$= \beta_i + \sum \gamma_{ij} \ln P_j + \gamma_{iA} \ln A + \gamma_{iQ} \ln Q + \gamma_{iT} T + v + \eta_i, \qquad (Ⅲ-7)$$

$$i, j = K, L, M$$

비효율성을 추정하기 위해 비효율성을 나타내는 u_{it}항에 대해서 다음
과 같이 모형을 설정하여 비효율성을 추정하였다.[75]

〈모형 1〉: $u = \mu_i(1 + b_t t),$ $\qquad\qquad\qquad\qquad\qquad$ (Ⅲ-8)

여기서 i는 산업, t는 시간을 나타내며 μ_i는 i번째 산업의 특성을 나타
내는 계수(coefficient)로 i번째 산업에 대한 더미변수의 계수이다. 만약 b_t
가 0이면 비효율성이 시간에 대해서 변하지 않는 모형을 나타낸다.[76]
〈모형 1〉은 산업의 특성을 고려하여 비효율성이 시간의 흐름에 따라
변동하지만 비효율성의 일시적인 패턴이 모든 산업에 동일하게 적용되는
것을 나타낸 것이다.[77] 즉 비효율성은 산업의 특성에 따라 다르게 나타
나지만 어느 한 시점에서의 효율성 패턴은 모든 산업에 있어서 동일하게

---

75) Kumbhakar *et al.*(1999)의 모형을 이용하였다
76) Cornwell *et al.*(1990)과 Kumbhakar(1990)는 패널 자료를 이용하는 경우 비효
   율성이 시간에 대해서 불변이라고 가정하는 것은 너무 엄한 가정이라고 지적
   하고 있다. 또한 통계적 가설검정 없이 비효율성을 시간에 대해 불변이라고 가
   정하여 추정하면 추정량에 편기가 존재할 수 있다고 밝히고 있다.
77) $u_{it} = b_{0t} + b_{1t}t + b_{2t}t^2$(Cornwell *et al.* 1990)으로 모형을 설정하여 추정할
   수 있다. 그러나 이렇게 모형을 설정하여 추정하는 경우 장기적인 시계열 자료
   가 아닌 경우 추정해야 할 계수가 너무 많아 자유도에 문제가 발생할 수 있다

일어난다는 것이다. 이러한 사실은 환경규제와 같은 충격이 왔을 때 일시적으로 모든 산업에게 동일하게 적용이 된다는 것을 의미한다. 이것은 앞에서 살펴보았듯이 환경규제가 강화된 시기인 1990대 이후 대부분 산업에서 환경오염방지시설에 대한 기초투자를 증가시켰다는 사실에서 환경규제의 충격이 동일하게 나타나고 있음을 알 수 있다.

〈모형 1〉을 이용하여 환경규제의 강화가 비효율성을 증가시키는지 아니면 감소시키는지를 살펴보기 위해 비용함수 내에 환경규제변수가 있는 경우와 없는 경우에 있어서 효율성을 비교하였으며 또한 환경규제의 강화로 인한 효율성 효과를 살펴보기 위해 기간을 1983~1990년의 기간과 1991~1997년의 두 기간으로 나누어서 효율성 변화를 추정하였다.

$$\langle \text{모형 2} \rangle : \quad u = \mu_i(1+b_t t+b_a A), \qquad\qquad (\text{III}-9)$$

여기서 A는 환경규제를 나타내는 오염방지시설 자본량을 나타낸다. 〈모형 2〉는 비효율성에 영향을 주는 변수를 모형 내에 포함시키지 않고 외생변수로 하여 비효율성과의 관계를 나타낸 모형이다. 〈모형 2〉는 〈모형 1〉을 내포한다. 〈모형 1〉과 마찬가지로 환경규제의 강화로 인한 효율성 효과를 살펴보기 위해 기간을 1983~1990년의 기간과 1991~1997년의 두 기간으로 나누어서 효율성 변화를 추정하였다. 〈모형 1〉과 〈모형 2〉에서 추정한 $\widehat{\mu}$로부터 비효율성은 다음과 같이 나타낼 수 있다.

$$e^{\widehat{u}} = e^{\min(\widehat{\mu})-\widehat{\mu}}, \qquad\qquad (\text{III}-10)$$

여기서 $\widehat{\mu}$은 〈모형 1〉과 〈모형 2〉을 이용하여 비효율성을 추정한 값을 나타내며, $\min(\widehat{\mu})$은 가장 효율적인 추정치를 나타낸다.

5. 효율성 추정결과

제조업 10개 산업의 횡단면 자료와 1983년부터 1997년까지의 15년 동안의 시계열 자료를 이용하여 〈모형 1〉과 〈모형 2〉에 대한 효율성 추정결과는 다음과 같다. 먼저 〈모형 1〉과 〈모형 2〉에 대한 모형설정에 대한 가설검정 결과 비효율성이 시간에 변동하지 않는다는 귀무가설을 유의수준 1%에서 모두 기각하는 것으로 나타났다.[78] 이러한 사실은 비효율성이 시간의 흐름에 따라 변동함을 의미한다. 또한 〈모형 2〉에서 환경규제변수가 비효율성에 영향을 주지 않는다는 귀무가설을 유의수준 1%하에서 기각하고 있어 환경규제가 비효율성에 영향을 주는 것으로 나타나고 있다.[79]

다음으로 효율성 추정결과를 살펴보면 다음과 같다. 첫 번째 효율성 추정은 〈모형 1〉을 이용하여 환경규제변수 즉 오염방지시설 자본량을 비용함수에 포함시키지 않고 효율성을 추정하고 있다. 이에 대한 결과는 〈표 Ⅲ-1〉, 〈표 Ⅲ-2〉과 〈그림 Ⅲ-3〉에 제시하고 있다. 〈표 Ⅲ-1〉과 〈그림 Ⅲ-3〉은 산업별로 효율성의 연도별 추이를 나타내고 있다. 〈표 Ⅲ-1〉과 〈그림 Ⅲ-3〉에서 나타난 바와 같이 효율성의 연도별 변화추세는 산업별로 다르게 나타남을 알 수 있다.

1983~1997년 동안 음·식료품 및 담배(31), 화학·석유·석탄·고무·플라스틱제품(35), 비금속광물제품(36), 조립금속제품(381) 제조업은 증가하는 추세를 보이고 있는 반면, 섬유·의복 및 가죽제품(32), 종이·종이제품·인쇄·출판(34), 제1차 금속(37), 기계 및 장비(382), 전기·전자(383), 운수장비(384) 제조업은 감소하는 추세를 보이고 있다.

---

78) $b_t = 0$의 귀무가설 즉 비효율성이 시간변동과 무관하다는 가설검정에서 F 검정 통계량이 〈모형 1〉에서 환경규제변수를 모형 내에 포함하는 경우 3.37, 모형에서 제외한 경우 3.17이며, 〈모형 2〉에서는 6.29로 추정되었다.

79) $b_a = 0$의 귀무가설에 대한 F 검정통계량이 4.41이었다.

〈표 Ⅲ-1〉 산업별 효율성의 연도별 추이: 환경규제변수를 제외한 모형

구 분	31	32	34	35	36
1983	0.8596	0.9372	0.9517	0.8678	0.9092
1984	0.8683	0.9339	0.9473	0.8766	0.9123
1985	0.8772	0.9307	0.9429	0.8855	0.9155
1986	0.8861	0.9275	0.9385	0.8946	0.9186
1987	0.8951	0.9242	0.9342	0.9037	0.9217
1988	0.9042	0.9210	0.9298	0.9129	0.9249
1989	0.9134	0.9178	0.9255	0.9222	0.9280
1990	0.9227	0.9146	0.9212	0.9315	0.9312
1991	0.9321	0.9114	0.9169	0.9410	0.9344
1992	0.9415	0.9083	0.9127	0.9506	0.9376
1993	0.9511	0.9051	0.9085	0.9603	0.9408
1994	0.9608	0.9020	0.9042	0.9701	0.9440
1995	0.9706	0.8988	0.9001	0.9799	0.9472
1996	0.9804	0.8957	0.8959	0.9899	0.9505
1997	0.9904	0.8926	0.8917	1.0000	0.9537
평 균	0.9236	0.9147	0.9214	0.9324	0.9313
구분	37	381	382	383	384
1983	0.9928	0.8510	0.9437	0.9496	0.9888
1984	0.9845	0.8606	0.9396	0.9454	0.9796
1985	0.9763	0.8702	0.9354	0.9412	0.9705
1986	0.9681	0.8800	0.9313	0.9371	0.9614
1987	0.9601	0.8899	0.9272	0.9329	0.9525
1988	0.9521	0.8998	0.9231	0.9288	0.9436
1989	0.9441	0.9099	0.9191	0.9247	0.9349
1990	0.9362	0.9201	0.9150	0.9207	0.9262
1991	0.9284	0.9305	0.9110	0.9166	0.9175
1992	0.9207	0.9409	0.9070	0.9126	0.9090
1993	0.9130	0.9515	0.9030	0.9085	0.9005
1994	0.9054	0.9621	0.8990	0.9045	0.8922
1995	0.8978	0.9729	0.8951	0.9005	0.8839
1996	0.8903	0.9838	0.8911	0.8966	0.8756
1997	0.8829	0.9949	0.8872	0.8926	0.8675
평 균	0.9369	0.9212	0.9152	0.9208	0.9269

〈그림 Ⅲ-3〉 산업별 효율성의 연도별 추이: 환경규제변수를 제외한 모형

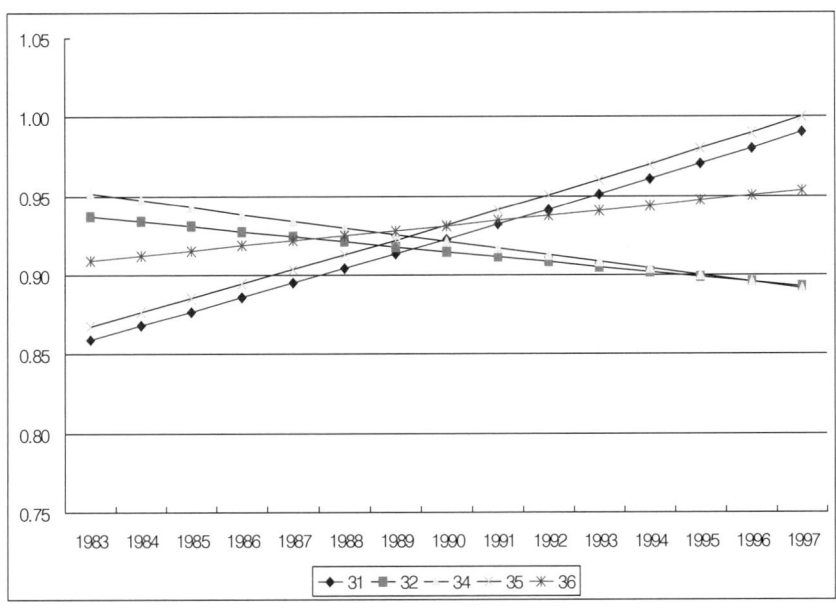

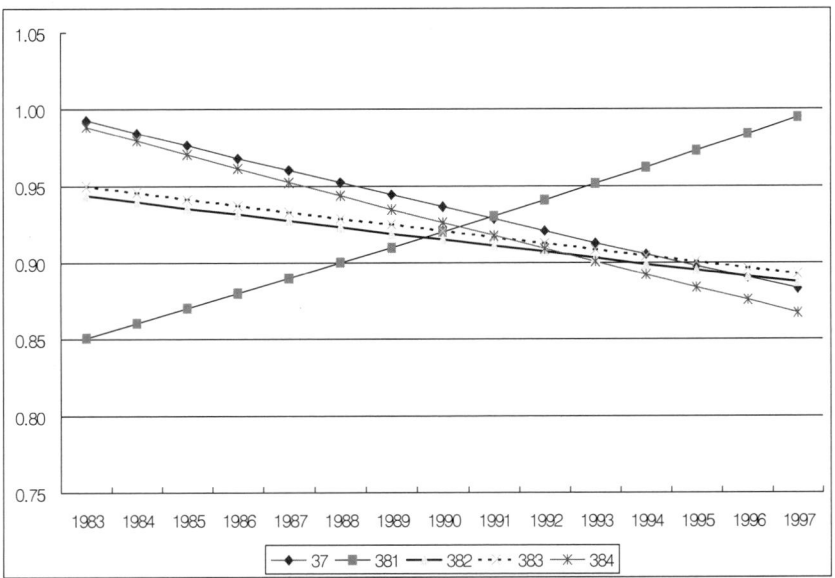

〈표 Ⅲ-2〉는 추정기간을 전체기간과 두 기간으로 나누어서 산업별로 효율성을 나타낸 결과이다. 〈표 Ⅲ-2〉에 나타난 바와 같이 1983∼1997 년 기간 동안에 산업별로 효율성은 0.9147∼0.9369로 추정되어 같은 기간 동안 산업별로 효율성의 변화는 크게 차이가 나지 않는 것으로 추정되고 있으며, 제1차 금속제품(37), 화학·석유·석탄·고무·플라스틱제품(35), 비금속광물제품(36) 제조업의 순서로 나타나고 있다. 1983∼1997년 기간 에는 대체적으로 중화학공업의 효율성이 경공업과 비교하여 상대적으로 효율성이 높은 것으로 추정되고 있다.[80]

또한 효율성 변화를 1983∼1990년과 1991∼1997년의 두 기간으로 나 누어서 산업별로 살펴보면, 1980년대와 비교하여 1990년대에 효율성이 증가한 산업은 음·식료품 및 담배(31), 화학·석유·석탄·고무·플라 스틱제품(35), 비금속광물제품(36), 조립금속제품(381) 제조업으로 나타 나고 있다. 한편 섬유·의복 및 가죽제품(32), 종이·종이제품·인쇄·출 판(34) 제조업 등의 산업은 효율성이 감소하는 것으로 추정되고 있다.

〈표 Ⅲ-2〉 산업별 효율성의 기간별 비교: 환경규제변수를 제외한 모형

산 업	1983∼1990	1991∼1997	1983∼1997
31	0.8908	0.9610	0.9236
32	0.9259	0.9020	0.9147
34	0.9364	0.9043	0.9214
35	0.8993	0.9703	0.9324
36	0.9202	0.9440	0.9313
37	0.9643	0.9055	0.9369
381	0.8852	0.9624	0.9212
382	0.9293	0.8991	0.9152
383	0.9351	0.9046	0.9208
384	0.9572	0.8923	0.9269
평 균	0.9244	0.9245	0.9244

80) 이러한 결과는 추정기간에 차이는 있지만 한광호·김상호(1996)와 김상호(2001)의 추정결과와 일치한다.

두 번째 효율성 추정은 〈모형 1〉을 이용하여 환경규제변수 즉 오염방지시설 자본량을 비용함수에 포함시켜 효율성을 추정하고 있다. 이에 대한 결과는 〈표 Ⅲ-3〉, 〈표 Ⅲ-4〉와 〈그림 Ⅲ-4〉에 제시하고 있다.

먼저 〈표 Ⅲ-3〉과 〈그림 Ⅲ-4〉는 산업별 효율성의 연도별 추이를 제시하고 있다. 〈표 Ⅲ-4〉와 〈그림 Ⅲ-4〉에서 나타난 바와 같이 효율성의 연도별 변화추세는 산업별로 다르고, 환경규제가 존재하지 않는 경우와 비교하여 차이가 있음을 알 수 있다.

1983~1997년의 기간 동안 음·식료품 및 담배(31), 종이·종이제품·인쇄·출판(34), 화학·석유·석탄·고무·플라스틱제품(35), 비금속광물제품(36), 조립금속제품(381), 전기·전자(383) 제조업은 증가하는 추세를 보이고 있는 반면, 섬유·의복 및 가죽제품(32), 제1차 금속(37), 기계 및 장비(382), 운수장비(384) 제조업은 감소하는 추세를 보이고 있다.

이들 산업 중에서 종이·종이제품·인쇄·출판(34), 운수장비(384) 제조업의 경우 환경규제를 변수를 포함하지 않고 효율성을 추정한 경우 효율성이 감소하는 추세를 보였으나 환경규제변수를 포함한 경우 효율성이 증가하는 추세를 나타내고 있다.

〈표 Ⅲ-3〉 산업별 효율성의 연도별 추이: 환경규제변수를 포함한 모형

구 분	31	32	34	35	36
1983	0.8319	0.9576	0.8941	0.8661	0.9214
1984	0.8422	0.9511	0.8964	0.8735	0.9213
1985	0.8526	0.9447	0.8988	0.8809	0.9212
1986	0.8632	0.9384	0.9011	0.8883	0.9212
1987	0.8739	0.9321	0.9035	0.8959	0.9211
1988	0.8848	0.9258	0.9059	0.9034	0.9211
1989	0.8957	0.9196	0.9082	0.9111	0.9210
1990	0.9069	0.9134	0.9106	0.9188	0.9209
1991	0.9181	0.9073	0.9130	0.9266	0.9209
1992	0.9295	0.9012	0.9154	0.9344	0.9208
1993	0.9410	0.8952	0.9178	0.9423	0.9207
1994	0.9527	0.8892	0.9202	0.9503	0.9207
1995	0.9645	0.8832	0.9226	0.9584	0.9206
1996	0.9765	0.8773	0.9251	0.9665	0.9206
1997	0.9886	0.8714	0.9275	0.9747	0.9205
평 균	0.9081	0.9138	0.9107	0.9194	0.9209
구 분	37	381	382	383	384
1983	0.9823	0.9091	0.9241	0.9155	1.0000
1984	0.9743	0.9110	0.9236	0.9164	0.9893
1985	0.9665	0.9128	0.9231	0.9172	0.9787
1986	0.9587	0.9146	0.9226	0.9181	0.9682
1987	0.9509	0.9165	0.9221	0.9190	0.9579
1988	0.9432	0.9183	0.9215	0.9198	0.9476
1989	0.9356	0.9202	0.9210	0.9207	0.9375
1990	0.9280	0.9220	0.9205	0.9216	0.9275
1991	0.9205	0.9239	0.9200	0.9225	0.9175
1992	0.9131	0.9257	0.9195	0.9233	0.9077
1993	0.9057	0.9276	0.9190	0.9242	0.8980
1994	0.8984	0.9295	0.9185	0.9251	0.8884
1995	0.8912	0.9313	0.9179	0.9260	0.8789
1996	0.8840	0.9332	0.9174	0.9268	0.8695
1997	0.8768	0.9351	0.9169	0.9277	0.8602
평 균	0.9286	0.9220	0.9205	0.9216	0.9285

〈그림 Ⅲ-4〉 산업별 효율성의 연도별 추이: 환경규제변수를 포함한 모형

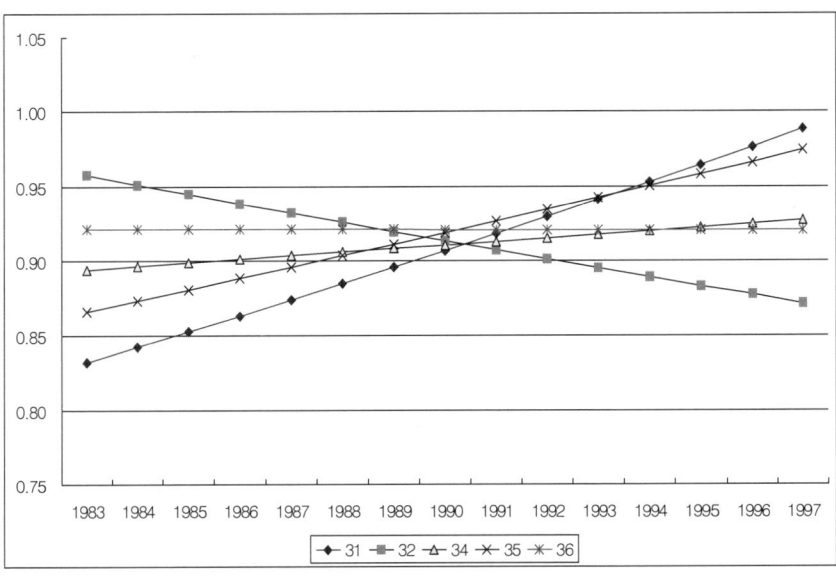

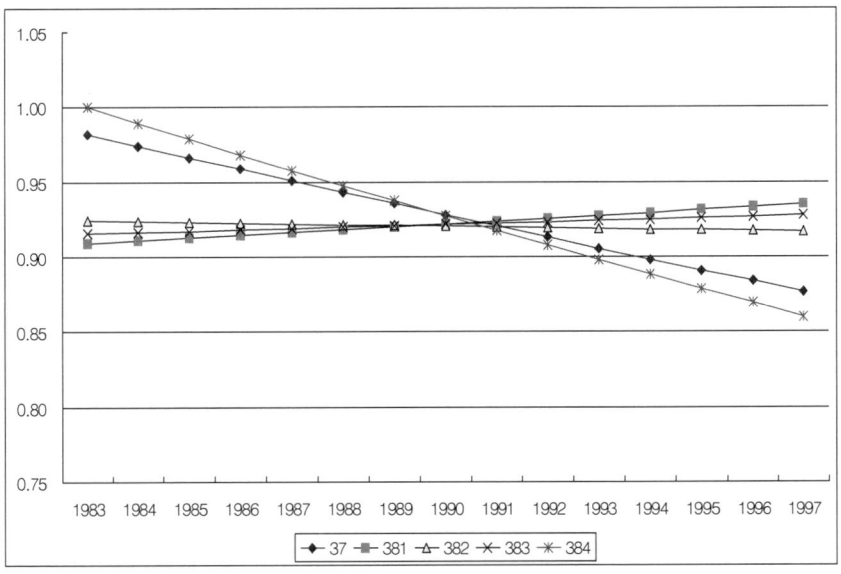

또한 〈표 Ⅲ-4〉는 추정기간을 전체기간과 두 기간으로 나누어서 산업
별로 효율성을 추정한 결과이다. 먼저 환경규제에 대한 영향을 살펴보기
위해 〈표 Ⅲ-4〉와 〈표 Ⅲ-2〉를 비교하여 보면 환경규제변수를 포함하
여 효율성을 추정한 결과는 그렇지 않은 경우와 비교하여 전반적으로 효
율성이 감소하는 것으로 나타나고 있다. 1983~1997년 동안에 환경규제로
효율성이 감소한 산업은 음·식료품 및 담배(31), 섬유·의복 및 가죽제
품(32), 종이·종이제품·인쇄·출판(34), 화학·석유·석탄·고무·플라
스틱제품(35), 비금속광물제품(36), 제1차 금속(37) 제조업으로 나타나고
있다.

1983~1990년 기간에는 음·식료품 및 담배(31), 종이·종이제품·인
쇄·출판(34), 화학·석유·석탄·고무·플라스틱제품(35), 제1차 금속
(37), 기계 및 장비(382), 전기·전자(383) 제조업에서 효율성이 하락하는
것으로 나타나고 있다. 또한 환경규제가 상대적으로 강화되었던 1991~
1997년 기간에는 기계 및 장비(382), 전기·전자(383) 제조업을 제외한
모든 산업에서 효율성이 하락하는 것으로 추정되었다.

〈표 Ⅲ-4〉 산업별 효율성의 기간별 비교: 환경규제변수를 포함한 모형

산 업	1983~1990	1991~1997	1983~1997
31	0.8689	0.9530	0.9081
32	0.9354	0.8892	0.9138
34	0.9023	0.9202	0.9107
35	0.8923	0.9505	0.9194
36	0.9212	0.9207	0.9209
37	0.9549	0.8985	0.9286
381	0.9156	0.9295	0.9221
382	0.9223	0.9185	0.9205
383	0.9185	0.9251	0.9216
384	0.9633	0.8886	0.9285
평 균	0.9195	0.9194	0.9194

환경규제강화에 대한 산업별 기간별 효율성 차이는 〈표 Ⅲ-4〉에 나타난 바와 같이 1983~1990년과 비교하여 환경규제가 상대적으로 강화되었던 1991~1997년의 기간에 효율성이 감소한 산업은 섬유·의복 및 가죽제품(32), 종이·종이제품·인쇄·출판(34), 비금속광물제품(36), 제1차금속(37), 기계 및 장비(382), 운수장비(384) 제조업으로 나타나고 있다.

이에 반해 효율성이 증가한 산업은 음·식료품 및 담배(31), 화학·석유·석탄·고무·플라스틱제품(35), 조립금속제품(381), 전기·전자(383) 제조업에서 효율성이 증가하는 것으로 나타나고 있다.

세 번째 효율성 추정은 〈모형 2〉를 이용하여 환경규제변수 즉 오염방지시설 자본량을 외생변수로 하여 효율성을 추정하고 있다. 이에 대한 결과는 〈표 Ⅲ-5〉, 〈표 Ⅲ-6〉과 〈그림 Ⅲ-5〉에 제시하고 있다.

〈표 Ⅲ-5〉와 〈그림 Ⅲ-5〉는 산업별로 효율성의 연도별 추이를 나타내고 있다. 〈표 Ⅲ-5〉와 〈그림 Ⅲ-5〉에서 나타난 바와 같이 효율성의 연도별 변화추세는 산업별로 다르게 나타나고 있음을 알 수 있다. 효율성 변화를 산업별로 살펴보면 다음과 같다. 화학·석유·석탄·고무·플라스틱제품(35), 비금속광물제품(36), 운수장비(384) 제조업은 추정기간 동안 상대적으로 큰 등락을 보이고 있다.

특히 화학·석유·석탄·고무·플라스틱제품(35) 제조업의 경우 제일 크게 등락을 나타내고 있어 오염집약산업으로 환경규제에 대해 효율성이 민감하게 반응한다는 것을 알 수 있다.

음·식료품 및 담배(31), 조립금속제품(381) 제조업은 효율성이 증가하는 추세를 나타내고 있고, 섬유·의복 및 가죽제품(32), 종이·종이제품·인쇄·출판(34), 제1차 금속(37), 조립금속제품(381), 기계 및 장비(382), 전기·전자(383) 제조업은 감소하는 추세를 보이고 있다.

〈표 Ⅲ-5〉 산업별 효율성의 연도별 추이: 환경규제변수의 외생변수모형

구 분	31	32	34	35	36
1983	0.8138	0.8743	0.8645	0.7061	0.8168
1984	0.8189	0.8719	0.8707	0.7546	0.8319
1985	0.8234	0.8725	0.8755	0.7918	0.8365
1986	0.8278	0.8704	0.8799	0.8402	0.8571
1987	0.8337	0.8697	0.8803	0.8928	0.8732
1988	0.8408	0.8638	0.8846	0.9382	0.8895
1989	0.8478	0.8605	0.8869	0.9587	0.9027
1990	0.8546	0.8544	0.8883	0.9499	0.9031
1991	0.8667	0.8494	0.8815	0.9489	0.9087
1992	0.8780	0.8484	0.8642	0.9084	0.9101
1993	0.8909	0.8477	0.8509	0.9400	0.9068
1994	0.9045	0.8469	0.8409	0.9426	0.8528
1995	0.9149	0.8366	0.8176	0.9377	0.8610
1996	0.9225	0.8381	0.8231	0.8012	0.8492
1997	0.9292	0.8385	0.8299	0.8252	0.8824
평 균	0.8645	0.8562	0.8626	0.8758	0.8721
구 분	37	381	382	383	384
1983	0.9550	0.7961	0.9062	0.8700	1
1984	0.9357	0.8052	0.8920	0.8718	0.9631
1985	0.9198	0.8145	0.8763	0.8736	0.9259
1986	0.9043	0.8237	0.8663	0.8744	0.9006
1987	0.8899	0.8331	0.8578	0.8746	0.8664
1988	0.8762	0.8425	0.8503	0.8768	0.8517
1989	0.8645	0.8521	0.8390	0.8765	0.8377
1990	0.8618	0.8615	0.8464	0.8745	0.8118
1991	0.8625	0.8711	0.8565	0.8719	0.8016
1992	0.8575	0.8809	0.8556	0.8724	0.7954
1993	0.8455	0.8909	0.8409	0.8717	0.8188
1994	0.8413	0.9007	0.8397	0.8606	0.8703
1995	0.8475	0.9110	0.8417	0.8475	0.8879
1996	0.8547	0.9211	0.8434	0.8164	0.8746
1997	0.8390	0.9298	0.8383	0.7983	0.8255
평 균	0.8770	0.8623	0.8567	0.8621	0.8687

〈그림 Ⅲ-5〉 산업별 효율성의 연도별 추이: 환경규제변수의 외생변수모형

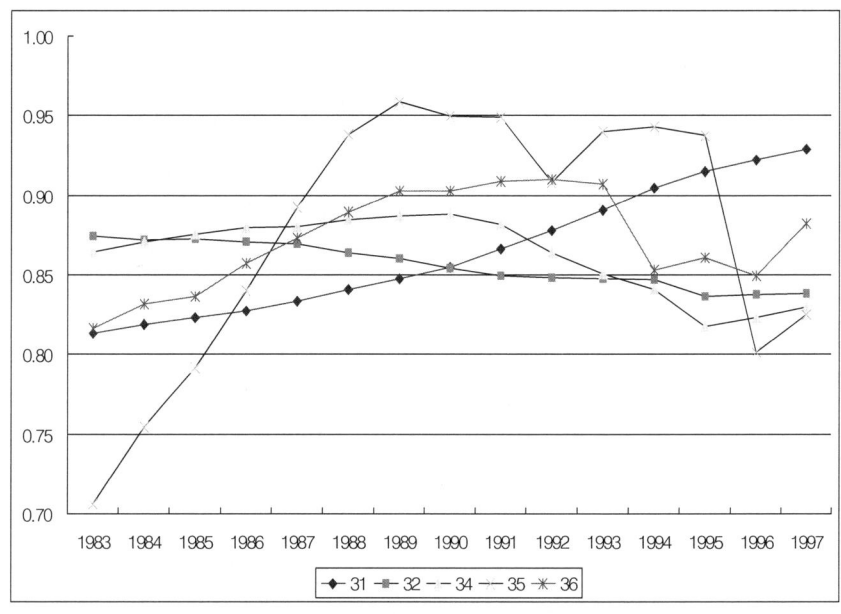

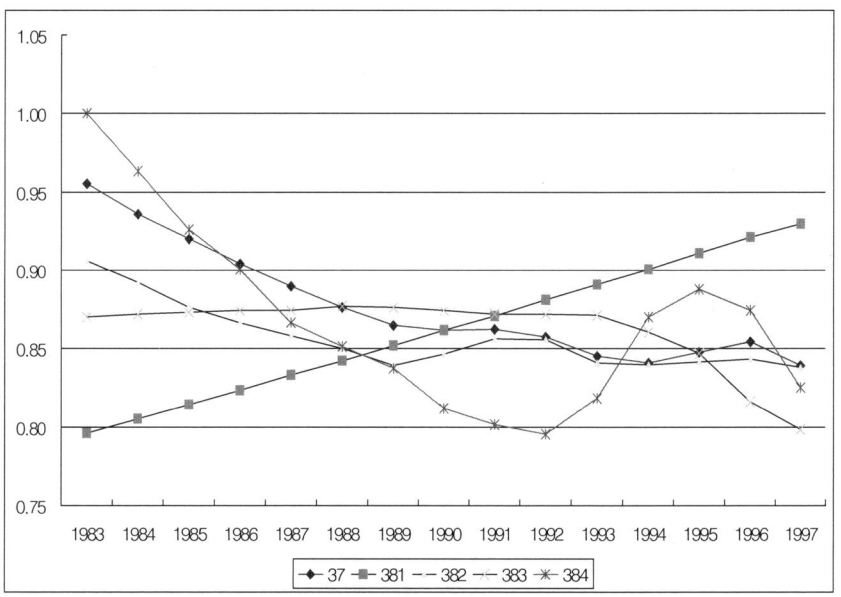

〈표 Ⅲ-6〉는 추정기간을 전체기간과 두 기간으로 나누어서 산업별로 효율성을 나타낸 결과이다. 〈표 Ⅲ-6〉에 나타난 바와 같이 1983~1997년 기간 동안에 산업별로 효율성은 0.8645~0.8770으로 추정되어 같은 기간 동안 산업별로 효율성 변화는 크게 차이가 나지 않는 것으로 추정되고 있으며, 제1차 금속제품(37), 화학·석유·석탄·고무·플라스틱제품(35), 비금속광물제품(36) 제조업의 순서로 나타나고 있다. 1983~1997년 기간에는 대체적으로 중화학공업의 효율성이 경공업과 비교하여 상대적으로 효율성이 높은 것으로 추정되고 있다.

또한 〈표 Ⅲ-2〉의 결과와 비교하면 환경규제로 인해 효율성이 감소하는 것으로 추정이 되고 있어, 환경규제로 효율성이 감소하는 것으로 나타나고 있다. 또한 효율성 변화를 1983~1990년과 1991~1997년의 두 기간으로 나누어서 산업별로 살펴보면, 1980년대와 비교하여 1990년대에 효율성이 감소한 산업은 섬유·의복 및 가죽제품(32), 종이·종이제품·인쇄·출판(34), 제1차 금속(37), 기계 및 장비(382), 전기·전자(383), 운수장비(384) 제조업으로 나타나고 있다.

한편 음·식료품 및 담배(31), 화학·석유·석탄·고무·플라스틱제품(35), 비금속광물제품(36), 조립금속제품(381) 제조업은 1983~1990년 기간과 비교하여 1991~1997년 기간에 효율성이 증가하는 것으로 추정되고 있다.

〈표 Ⅲ-6〉산업별 효율성의 기간별 비교: 환경규제변수의 외생변수모형

산 업	1983~1990	1990~1997	1983~1997
31	0.8326	0.9010	0.8645
32	0.8672	0.8436	0.8562
34	0.8788	0.8440	0.8626
35	0.8540	0.9006	0.8758
36	0.8638	0.8816	0.8721
37	0.9009	0.8497	0.8770
381	0.8286	0.9008	0.8623
382	0.8668	0.8452	0.8567
383	0.8740	0.8484	0.8621
384	0.8946	0.8392	0.8687
평 균	0.8661	0.8654	0.8658

이상의 환경규제강화에 대한 효율성 추정결과들로부터 다음과 같은 사실을 추론할 수 있다. 첫째, 환경규제로 인해 대부분 산업에서 효율성이 감소하는 것으로 추정이 되고 있다. 이러한 사실은 환경규제를 준수하기 위해 기업이 오염방지시설의 도입으로 생산요소를 환경규제전보다 비효율적으로 이용한다는 것을 의미한다. 그러나 오염방지시설 투자가 생산규모에서 차지하는 비중이 작기 때문에 환경규제가 있는 경우와 없는 경우를 비교해 볼 때 효율성 차이는 크게 나타나지 않는 것으로 추정되고 있다. 즉 환경규제가 효율성 변화에 큰 영향을 주지 않는 것을 나타낸다.

둘째, 환경규제강화와 효율성 변화에 대한 결과는 산업마다 다르게 추정되고 있어 환경규제강화에 대한 제조업의 효율성 변화를 일률적으로 단정하여 설명하기 어렵다.

셋째, 환경규제 혹은 환경규제강화가 산업별로 차이는 존재하지만, 효율성에 영향을 준다는 것이다. 효율성은 주어진 투입물로부터 생산할 수

있는 최대한 산출수준의 능력, 생산요소의 최적의 결합이 되도록 생산요소를 사용할 수 있는 능력을 나타낸다는 면에서 환경규제강화가 효율성에 영향을 준다는 것은 단지 환경규제가 생산비용을 증가시켜 경쟁력을 약화시킨다는 것을 의미하지 않는다.

즉 화학·석유·석탄·고무·플라스틱제품(35), 조립금속제품(381) 등의 제조업은 환경규제강화로 효율성이 증가하는 산업으로서, 생산을 효율적으로 하는 것으로 나타나고 있어 효율성 면에서 경쟁력이 강화되었다고 볼 수 있다.

6. 요약 및 결론

본 연구에서는 제조업에 있어 환경규제강화와 효율성의 관계에 대해서 분석하였다. 즉 효율성은 산출물을 생산하는 과정에서 투입물의 사용이나 결합이 얼마나 효과적으로 이루어지는 하는 것을 나타내는 개념으로 환경규제강화가 투입물 간의 결합이나 투입물의 효과적 이용에 어떠한 영향을 주고 있는가를 분석하였다. 이러한 환경규제강화에 대한 효율성을 추정하기 위해 비용함수를 이용하였으며 SFA(stochastic frontier approach) 방법으로 효율성을 추정하였다. 또한 환경규제에 대한 효율성을 분석하기 위해 환경규제가 없는 경우와 환경규제가 존재하는 경우를 산업별로 효율성 변화를 분석하였다.

본 연구의 연구결과를 요약하여 제시하면 다음과 같다. 첫째, 비효율성의 모형설정 결과 비효율성은 시간의 흐름에 따라 변동하지 않는다는 귀무가설을 기각하고 있다. 또한 환경규제가 비효율성에 영향을 주지 않는다는 귀무가설을 기각하고 있다. 이러한 사실은 환경규제가 비효율성에 영향을 주면서 시간의 변동에 따라 변동하는 것을 의미한다.

둘째, 환경규제변수를 모형 내에 포함시키지 않고 효율성을 추정한 결과, 연도별 변화추세는 산업별로 다르게 나타나고 있지만 그 차이는 크지 않은 것으로 추정하고 있다. 산업별로 볼 때 대체적으로 중화학공업이 경공업과 비교하여 효율적으로 생산활동을 하는 것으로 추정되고 있는데, 이러한 결과는 한광호·김상호(1996), 김상호(2001)의 연구결과와 일치하고 있다.

셋째, 환경규제로 인해 대부분 산업에서 효율성이 감소하는 것으로 추정이 되었다. 이러한 사실은 환경규제를 준수하기 위해 기업이 오염방지시설의 도입으로 생산요소를 환경규제 전보다 비효율적으로 이용한다는 것을 의미한다. 그러나 오염방지시설 투자가 생산규모에서 차지하는 비중이 작기 때문에 환경규제가 있는 경우와 없는 경우를 비교해 볼 때 효율성 차이는 크게 나타나지 않는 것으로 추정되었다. 즉 환경규제가 효율성 변화에 큰 영향을 주지 않는 것을 나타낸다고 생각할 수 있다.

넷째, 환경규제강화와 효율성 변화에 대한 결과는 산업마다 다르게 추정되고 있어 환경규제강화에 대한 제조업의 효율성 변화를 일률적으로 단정하여 설명하기 어렵다. 그러나 대체적으로 화학·석유·석탄·고무·플라스틱제품(35) 제조업 등의 오염집약산업이 환경규제에 대해 효율성이 민감하게 반응한다는 것을 알 수 있었다.

다섯째, 환경규제 혹은 환경규제강화에 대한 효율성의 영향이 산업별로 다르게 나타나지만, 전반적으로 환경규제는 효율성을 감소시키는 것으로 추정이 되고 있다. 그러나 화학·석유·석탄·고무·플라스틱제품(35), 조립금속제품(381) 등의 제조업은 환경규제강화로 효율성이 증가하는 것으로 추정이 되고 있다. 이러한 사실로부터 이들 산업은 환경규제강화로 생산공정에 기술혁신이 이루어져 생산요소를 효율적으로 이용하여 생산하고 있다는 것으로 추론할 수 있어 정책적으로 많은 시사점을 준다고 생각할 수 있다.

Ⅳ. 환경규제강화와 기술혁신[81]

1. 서 론

Porter(1991, 1995)는 기업의 경쟁력은 규모의 경제 등과 같은 정태적 (static)인 관점이 아닌 동태적(dynamic)인 관점에서 생산효율성(경쟁사 보다 저렴한 가격), 가격차별화의 능력(제품의 고품질화로 프리미엄가격 을 설정할 수 있는 능력), 기술혁신(innovation)을 통한 생산성 우위에 있다고 규정하고, 환경규제의 강화는 환경규제를 준수하기 위한 비용을 상쇄할 수 있는 기술혁신을 유도하고 생산성 우위를 확보하여 기업의 경 쟁력을 강화한다고 주장하고 있다.

이러한 환경규제와 경제행위의 관점을 Porter 가설이라고 한다. 이러 한 Porter 가설이 주목받는 이유는 첫째, 환경규제강화가 환경기술에 대 한 기술혁신을 가져올 수 있다는 것이다. 예를 들어 자동차 배기가스에 대한 규제가 강화됨에 따라 공기청정장치에 대한 기술이 발전되었고, 오 존을 파괴시키는 CFC에 대한 규제는 듀퐁사에게 다른 대체물질을 개발 하게 하였다.[82]

둘째, 환경규제강화에 대응하여 오염방지시설에 대한 기술개발을 경쟁 사보다 앞서서 하게 되면 선구자적으로 기업의 비용을 줄일 수 있거나 생산량을 줄일 수 있게 되어 경쟁기업보다 비교우위를 갖게 된다는 것이 다. 또한 이러한 현상들이 광범위하게 일어난다면 환경규제에 대한 사회 적 비용은 기업이 환경규제를 준수하기 위한 비용을 상쇄시킬 수 있을 뿐만 아니라 환경규제로 인한 사회적 편익이 비용보다 크게 나타날 수

---

81) 본 내용은 『경제학연구』, 제51집 제4호, 2003, pp.279-313에 게제 되었습니다.
82) Porter(1991).

있게 되어 궁극적으로 환경질의 개선을 비용 없이 달성할 수 있다고 주
장하고 있다.[83]

반면 이러한 Porter 가설에 대해서 Jaffe *et al.*(1995), Palmer *et al.*(1995)
등은 다음과 같이 반박하고 있다. 첫째, 환경규제강화로 인한 기술혁신에
대한 보상이 이론적으로는 가능하지만 현실적으로는 일어나기 어려울 뿐
만 아니라 그 효과가 작다고 주장한다. 이러한 이유는 신고전학파적인 경
제학의 입장에서 기업은 생산경계(production frontier)에서 효율적으로 생
산활동을 하기에 환경규제강화로 인해 이윤이 생길 수 있는 생산공정과 기
술에 대해서 무관심하기 때문이다.

또한 환경규제자가 기업경영자보다 효율적인 생산방법에 대해서 더 많
이 알고 있는가 하는 것이다. 즉 기업경영자가 환경규제자보다 생산을 효
율적으로 하는 방법에 대해서 더 많이 알고 있기 때문에 환경규제강화가
새로운 기술개발을 유도하는 것이 어렵다는 것이다.

둘째, 환경규제가 기업경쟁력을 항상 약화시킬 수 있다는 증거로 환경
규제를 준수하기 위해 지불해야 하는 기업 비용이 실제로 지불하는 비용
보다 크다는 것이다. 즉 환경규제를 준수하기 위해 기업이 지불하는 비용
은 최종배출단계(end-of-pipe)에서의 오염처리 비용만 포함하고 청정기
술 및 설비개체에 대한 비용은 측정상 어렵기 때문에 실제로 기업이 지불
하는 비용을 과소평가하고 있다는 것이다.

셋째, 환경규제가 비록 기술혁신을 유인할지라도 환경규제는 잠재적으
로 기술혁신을 위한 생산적인 투자를 구축(crowding out)하여 기업경쟁력
을 약화시킨다는 것이다.[84]

---

83) Porter(1991)는 "innovation offsets"라고 하였다.
84) Gray and Shadbegian(1997)은 종이를 생산하는 686개의 기업을 대상으로 환
경규제와 투자시점(investment timing) 그리고 기술선택에 대한 문제를 실증
분석 하였다. 이들의 결과에 의하면 오염방지시설 투자는 생산적인 투자와 관
련이 있으며, 오염방지시설 투자가 증가함에 따라 즉 환경규제가 강화되어 감
에 따라 생산적인 투자가 오염방지시설 투자에 의해서 완전히 구축된다고 밝

환경규제강화가 기술혁신을 유발할 수 있는가 혹은 그렇지 않은가에 대한 논의는 아직까지 뚜렷하게 밝혀진 바가 없다. 이러한 환경규제와 기술혁신에 대한 기존의 연구는 대부분이 환경규제와 연구개발투자와의 관계를 이론적으로 규명하는 연구들이다. 이들 연구 중 대부분이 서로 다른 환경규제의 수단에서 환경규제를 준수하기 위한 비용 혹은 오염물질 배출감소를 위한 기업의 기술개발투자유인에 대한 연구들이다.[85]

환경규제와 기술혁신에 대한 실증분석 연구는 이론분석 연구와 비교하여 많은 연구가 이루어지지 않았는데 비교적 최근의 연구는 Jaffe and Palmer(1997)가 있다.[86] 환경규제와 기술혁신에 대한 실증분석 연구로 국내연구는 아직까지 없는 것으로 사료된다.

Ⅳ장에서는 환경규제와 기술혁신에 대한 국내연구가 없는 관계로 Jaffe and Palmer(1997)의 모형을 이용하여 실증분석을 하고자 한다. 본 연구의 연구방향은 다음과 같다. Ⅱ장과 Ⅲ장의 환경규제강화와 생산성, 효율성 분석결과에서 환경규제 또는 환경규제강화가 생산성의 간접효과와 효율성에 영향을 준다는 것을 밝히고 있다. 이러한 사실은 환경규제 혹은 환경규제강화가 생산성과 효율성에 부정적인 영향만을 주고 있지 않다는 의미에서 Porter 가설이 성립하고 있다는 것을 뒷받침한다고 볼 수 있다.

이러한 측면에서 환경규제강화가 기술혁신을 유도하여 생산성, 효율성에 영향을 주어 기업 경쟁력을 강화하는가 혹은 약화시키는가 더 나아가 환경규제의 편익이 비용보다 큰지 작은지에 대한 뚜렷한 증거를 제시하지 못하더라도 초보적인 단계에서 환경규제강화가 기술혁신과 연관성이 있는가 하는 것을 밝히는 데 연구방향을 두고 있다. 이를 위해 2절에서는 기술혁신 개념과 연구개발에 대해서 설명하고 있으며, 3절은 환경규

히고 있다.
85) Ⅱ장 4절 참조.
86) Ⅱ장 4절 참조.

제강화와 기술혁신에 대해서 기술하고 있다. 4절과 5절은 각각 추정모형과 분석에 필요한 자료에 대해서 설명하고 있다. 6절은 추정결과에 대한 설명이며, 7절은 요약 및 결론으로 끝을 맺는다.

2. 기술혁신 개념과 연구개발[87]

기술변화(technical change)는 경제구조에서 제품, 생산공정, 생산투입요소, 경영방법들의 개선을 포함하는 개념으로 일반적으로 경제성장의 원동력이라고 알려져 있다. 기술변화 과정을 슘페터적인(Shuumpeterian) 3분법으로 나누어서 설명하면, 첫 번째 단계는 발명 과정(invention process)으로 새로운 아이디어를 창출하는 것을 나타내는 단계이다. 두 번째 단계는 기술혁신(technical innovation) 과정으로 새로운 아이디어의 개발이 시장가치를 갖는 신제품과 생산공정으로 실현되는 단계이다. 세 번째 단계는 기술확산(technical diffusion) 과정으로 새로운 제품, 새로운 생산공정이 시장에 파급되는 단계로서, 새로운 기술의 충격은 기술확산 과정에서 발생하게 된다.[88]

슘페터적인 3분법은 기술혁신을 기술변화의 특별한 단계로 설명하고 있으나, 기술혁신은 기술변화 과정을 설명하는 위한 용어로 광범위하게 사용되고 있다. 기술혁신은 국지적 기술혁신(local innovation)과 전체적 기술혁

---

87) Hay and Morris(1991), Cohen(1995), Stoneman(1995) 참조.
88) 기술변화를 자동적으로 발명→혁신→확산의 단순한 선형적 과정(linear process)으로 또는 각 기술변화 단계를 엄격하게 구분하여 이해하게 되면, 기술변화는 제한적인 타당성만을 가진다. 이러한 이유는 다음과 같이 설명할 수 있다. 첫째, 기술변화의 각 단계마다 발명 과정, 혁신 과정과 같은 선택 과정(selection process)이 있다. 둘째, 새로운 아이디어 중에서 일부분만 시장가치를 갖게 되고 기술혁신의 결과들 중에서 일부분만 기술확산이 이루어지게 된다. 셋째 기술변화의 각 단계들 간에 선형적인 관계가 나타내지 못하는 광범위한 피드백(feedback)이 존재한다.

신(global innovation)으로 설명할 수 있는데 국지적 기술혁신은 특정한 관찰대상에서 처음으로 기술혁신이 일어나는 것을 의미한다.[89] 전체적 기술혁신은 한 나라의 경제전체에서 혹은 전 세계에서 기술혁신이 처음 일어난 것을 의미하는 개념이다. 또한 기술혁신은 분석대상의 형태에 따라 제품혁신(product innovation)과 생산공정혁신(process innovation)으로 나눌 수 있다. 제품혁신은 새로운 상품의 개발, 생산, 확산을 의미하고,[90] 생산공정혁신은 새로운 생산방법의 개발, 도입, 확산을 의미한다.[91][92]

기술변화 혹은 또는 기술진보는 연구개발과 관련될 수 있다.[93] 연구개발은 산업에서 이용할 수 있는 기술적 혹은 공학적 정보를 획득하기 위해 투입되는 조직적 노력의 전체를 의미하는데,[94] 성격에 따라 기초연구(basic research), 응용연구(applied research), 개발연구(development research)로 구분된다. 기초연구는 지식의 진보를 목적으로 행해지는 연구를 말하고, 특정의 실제적 이용 또는 응용을 목적으로 하지 않는다.[95] 응용연구는 특정의 실제적 응용을 목적으로 행해지는 연구를 말하는데, 장기에 걸쳐서 이루어지지만 상대적으로 연구목적이 분명하지 않은 전략적 연구(strategic research)와 단기에 걸쳐 이루어지고 상대적으로 연구목적이 분명한 비전

---

89) 예를 들어 A라는 기업이 생산공정에 로봇을 처음 도입하였다면 비록 다른 기업들이 수년 전에 로봇을 생산공정에 도입했을지라도 A기업 입장에서 국지적 기술혁신을 이룬다고 한다.
90) 생산공정은 불변이라고 가정한다.
91) 제품의 변화는 없다고 가정한다.
92) 현실적으로 제품혁신과 생산공정혁신은 동시에 일어나는 경우가 많아 어느 기업의 제품혁신은 다른 기업에게 생산공정혁신을 가져온다. 예를 들어 어느 기업이 새로운 기술을 개발하여 신제품을 시장에 공급하고 다른 기업은 신제품을 생산요소로 이용하는 경우에 신제품을 공급하는 기업은 제품혁신을 반면 신제품을 구매하여 이용하는 기업은 생산공정혁신을 이루게 된다.
93) 경제성장(economic growth) 면에서 내생적 성장이론(endogenous growth theory)에서는 기술진보가 외생적으로 주어진 것이 아니라 연구개발투자, 개방 정도, 인적자본(human capital)에 의해서 내생적으로 결정된다고 설명한다.
94) 김적교・조병택(1989).
95) 대부분의 과학(science)은 기초연구에 해당한다.

략적 연구(non strategic research)로 구분된다.

개발연구는 기초연구와 응용연구에 의해서 이루어진 지식의 이용하는 단계로 시장에 더 근접한 단계라고 생각할 수 있으며 시장성이 있는 상품을 개발하기 위해 지출되는 비용을 포함한다. 기초연구는 기술변화 과정에서 발명단계와 연관되고, 응용연구와 개발연구는 혁신단계와 연관된다. 시장에서는 단지 한정된 부문에서 기초연구가 이루어지며 대부분의 연구개발은 응용, 개발연구로 구성된다. 이러한 사실은 대부분의 발명이 시장 외부에서 이루어지고 시장 내에서 발전된다는 면에서 일치한다고 볼 수 있다.

연구개발과 기술변화와의 관계를 나타내면 〈그림 Ⅳ-1〉과 같이 나타낼 수 있다. 〈그림 Ⅳ-1〉에서 제시하는 바와 같이 연구개발투자에 대해서 다음과 같은 특성을 갖는다. 첫째, 연구개발투자는 투자결정에 있어서 시장투자(예: 마케팅), 물리적 투자(예: 설비투자)와 경쟁적 관계에 있다. 즉 연구개발투자 결정에 있어 다른 투자와 같은 결정 과정을 거친다.

둘째, 연구개발의 생산함수는 〈그림 Ⅳ-1〉에서 블랙박스(black box)로 나타나 있는데 블랙박스는 연구개발투입이 새로운 생산공정, 제품의 형태의 기술변화 즉 연구개발 산출물로 변화되는 관계를 나타내는 생산함수이다. 연구개발투입과 산출에 대한 함수관계를 효과적으로 파악하기 위해서는 투입과 산출에 대해서 효과적으로 식별 가능하고 측정할 수 있는 지표가 있어야 한다.

투입지표로는 연구개발투자[96]와 연구개발인력[97]이 있으며 산출지표로

---

96) 연구개발투자는 투입 측면의 기술활동(technology activity)을 나타내는 통계지표로서 가장 널리 이용되고 있다. 이 통계는 기업이 자원을 얼마나 기술개발활동에 투입하는가를 파악하는 데 유용하게 활용된다. 연구개발활동의 투입지표들이 연구개발의 성과지표들과 대략 정(+)의 상관관계를 맺고 있기 때문에 연구개발투자가 많으면 일반적으로 기술능력이 높다고 판단한다. 기술개발활동을 분석하는 정책 전문가가 정책입안자들은 과거 100여 년 동안 이 지표를 활용하였으며, 미래에도 그 중요성이 더 증가할 것으로 예상된다. 그러나 연구개발투자 지표가 기술활동을 나타내는 지표로서 다음과 같은 문제점이 있다. 첫째, 기업의 생산부서나 엔지니어링부서에서 수행하는 기술활동에 투입되는 자원이

는 특허권(patents)98) 등이 있다.

통계수집에서 제외되고 있다는 점이다. 둘째, 중소기업의 기술활동이 정확하게 파악되지 않는 다는 점이다. 중소기업은 조직 면에서 경영면에서 회계관리를 철저하게 할 수 있는 능력을 갖추지 못한다. 이 때문에 실제로 많은 연구개발 활동이 일어남에도 불구하고 통계지표상에는 연구개발투자가 전혀 없는 것으로 나타나는 경우가 있다(이공래 1997, pp.41-42 인용).

97) 연구개발인력 통계는 투입 측면에서 기술활동을 나타내는 통계지표로서 연구 개발투자와 함께 널리 사용되고 있다. 이 통계는 기업이 기술개발활동을 위하여 얼마나 고용하는가를 파악하여 기술활동을 분석하는 데 활용된다. 기업이 연구개발인력을 많이 고용할수록 일반적으로 그렇지 않은 기업보다 기술혁신을 더 많이 하고 기술능력이 높다고 판단한다. 그러나 연구개발인력 지표는 다음과 같은 문제점을 갖는다. 첫째, 인력의 질적인 측면을 고려하기 어렵다. 이 문제를 극복하기 위해 학위 소지 여부 및 연구경력년수에 따라 구분하여 통계를 수집하고 있으나 이것은 완벽하게 문제점을 극복하지 못한다. 기술혁신은 학위를 소지하지 않은 연구인력이 더 잘 할 수도 있을 뿐만 아니라 사람에 따라 연구 노력 편차가 심하여 연구개발인력을 모두 평균하여 평가하는 것은 무리이다. 또한 대기업의 경우 생산부서에서 근무하는 엔지니어들에 의한 기술활동의 비중이 상당히 높은 편인데 이들의 기술활동은 인력통계로서는 파악하기 어렵다. 둘째, 중소기업의 기술활동 정도를 정확하게 파악하기 어렵다. 중소기업의 대부분은 연구개발인력을 별도로 고용하지 않고 사장이나 공장장이 직접 연구개발을 수행하는 경향이 있다. 따라서 연구개발인력 통계는 연구개발부서가 있거나 연구소를 별도로 두고 있는 중견기업들의 기업활동은 어느 정도 파악할 수 있으나 종업원 규모가 작은 소기업의 기술활동은 간과하게 된다(이공래 1997, pp.45-46 인용).

98) 특허권 통계는 몇 가지 문제점을 가지고 있음에도 불구하고 과학기술정책의 이론연구에 가장 많이 사용되고 있어 학문발전에 대한 기여도가 높다. 기술활동의 결과 발생한 새로운 디자인, 제품, 물질, 생산방법 등 다양한 발명과 혁신이 제도적으로 보호될 수 있게끔 되어 있으므로 기업이나 개인은 이 제도를 활용하여 자신의 신기술을 보호받는다. 따라서 특허권 통계는 기술활동의 정도를 비교적 명확하게 나타낼 뿐만 아니라 기술혁신 능력을 간접적으로 나타내 준다고 본다. 특허통계는 기술활동을 나타내는 지표로서 여러 가지 의미를 갖는다. 첫째, 연구개발활동의 중간생산물을 나타낸 수 있는 비교적 정확한 지표가 될 수 있다는 점이다. 특허는 완성된 기술이 아니라 연구개발활동의 결과 탄생한 상업화 가능성이 있는 중간단계의 기술을 의미한다. 둘째, 특허 자료는 기술혁신 활동의 투입·산출의 복잡한 특성을 포함하기 때문에 풍부한 정보를 내포하고 있다. 특허가 기본적으로 발병을 나타내는 지표이지만 기술혁신 전반을 반영하기도 한다. 특허권은 기술면에서 대폭적인 혁신(major innovation)이라 할 수 있는 높은 신규성을 반영한다. 신규성 면에서 특허보다는 한 단계 낮은 실용신안(utility model)은 기업의 소폭적인 기술혁신(minor innovation)을 반영하는 지표가 될 수 있으며, 산업

〈그림 Ⅳ-1〉 연구개발투자와 기술혁신과의 관계

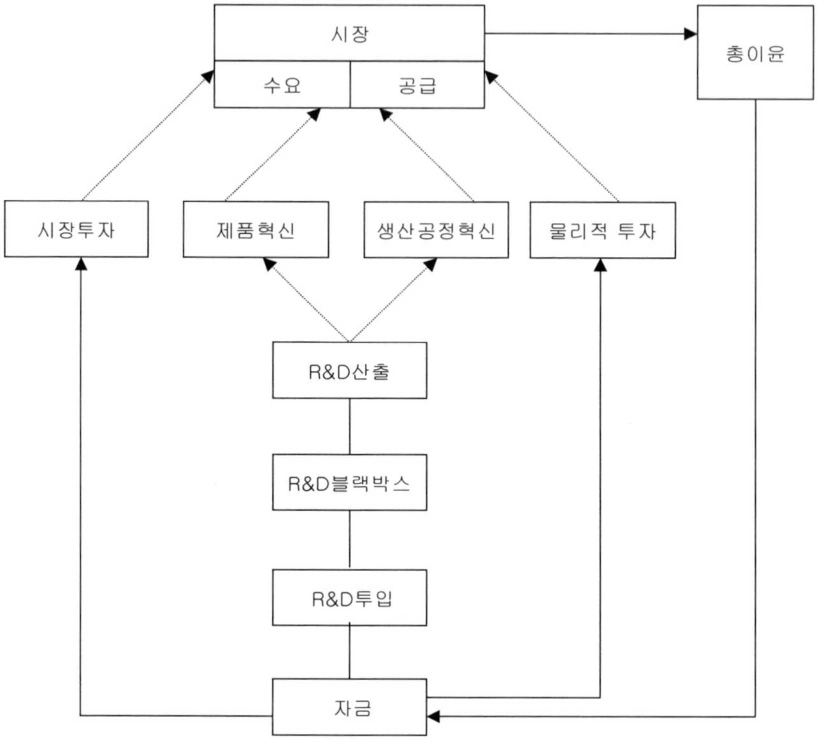

자료: Hay and Morris(1991) p.468.

디자인(industrial designs) 등 지적소유권은 기술혁신의 초기단계인 아이디어 생성단계를 반영한다고 볼 수 있다. 특허통계는 이와 같은 기술혁신 활동을 측정할 수 있는 유용한 지표임에도 불구하고 다음과 같은 문제점이 있다. 첫째, 새로운 기술을 창출해 냈으면서도 특허제도를 이용하지 않고 스스로 보호수단을 강구하는 경우도 있다. 예를 들어 경쟁이 극심한 환경에 처해 있는 기업은 신기술을 보호받기 위해 출원하는 경우 오히려 자사의 노하우를 노출시킬 염려가 있으므로 특허제도를 이용하지 않고 영업비밀로써 보호수단을 강구하려는 경향이 있다. 둘째, 특허로 출원된 기술혁신도 그 중요성이나 기술 및 경제적 가치 면에서 매우 다양한 특성을 갖는다는 점이다(국가별로 특허심사의 차이, 기술 분야에 따른 특허출원의 성향 차이, 기업 간 특허출원 성향 차이). 그래서 모든 특허가 동일한 중요성을 가진다고 가정하고 특허통계를 분석하는 것은 편향되게 연구결과를 가져올 수 있다(이공래 1997, pp.46-48 인용).

연구개발투입의 산출 측면에서 연구개발투입에 대한 생산성은 규모의 효과(scale of operation), 기술적 기회(technological opportunity), 전유성(appropriability)과 연관이 있다. 규모의 효과는 연구개발 자체의 규모의 효과로서 연구개발규모가 클수록 분업화, 위험분산, 연구환경의 개선 등으로 연구개발에 대한 효율성이 크다는 것이다.

기술적 기회(technological opportunity)는 객관적으로 정의하기는 어렵지만 기술의 산업 간(inter-industry) 차이로 기업이 어느 산업에 속해 있는가에 따라 연구개발에 대한 유인과 성과가 다르게 나타날 수 있다. 예를 들어 정보통신산업과 굴뚝산업(traditional industry)에서의 연구개발에 대한 유인과 성과는 다를 수 있다.

전유성은 기술혁신에 대한 노력의 보상과 관련되는 개념이다. 만약 기술혁신의 노력의 보상이 적절하게 보상되어지지 않는다면, 즉 전유적(appropriable)이지 않다면 기술혁신에 대한 유인을 감소시킬 수 있다.[99] 이론상으로는 특허권이 불완전한 전유성 문제를 해결해주는 답으로 제시되고 있지만, 특허권의 효율성은 산업마다 차이가 있을 수 있다. 이러한 사실은 특허권이 일부 산업에서만 기술혁신을 위한 유인이라고 볼 수 있다. 그러나 많은 기업, 산업에서 기술개발의 보상을 전유하기 위해 여러 가지 수단을 강구한다.

예를 들어 기술개발에 대한 대가를 전유하기 위해 특허권의 보호가 없는 경우에도 모방하는 데 비용을 많이 지불하게 하는 경우가 있는 반면 마케팅, 고객서비스, 영업방식 등은 특허권의 보호나 모방하는 데 대한 장벽이 없음에도 불구하고 기술개발에 대한 보상을 전유할 수 있다.

셋째, 연구개발투자를 결정을 하는 데 있어 연구개발투자로 기대되는 투자수익을 예상해야 한다. 일반적으로 연구개발 성과에 대한 불확실성이 큰데 특히 신제품 개발의 경우 불확실성이 크다. Freeman(1974)에

---

99) 예를 들어 새로운 프로그램을 출시한 기업이 대량의 프로그램 복사 또는 모방으로 인해 연구개발에 대한 보상을 적절하게 받지 못한다면 연구개발에 대한 유인이 줄어들게 된다.

의하면 연구개발을 수행하는 과학자 혹은 기술자들은 연구개발수행에 대한 성공 가능성에 대해서 낙관적인 입장을 취하며, 경영자들은 시장의 불확실성이 연구개발의 성과보다 예측하기 어렵기 때문에 비관적인 입장을 나타내는 것으로 밝히고 있다. 이러한 사실은 연구개발투자 선택이 정교한 투자수익의 현금흐름(cash flow)에서 결정되기보다는 경영자 혹은 과학자의 동물적 영감(animal spirit)에서 결정된다고 볼 수 있으며, 경영자가 신제품개발에 대한 연구개발보다는 생산공정 개선에 대한 연구개발을 선호하는 이유라고 생각할 수 있다. 넷째, 연구개발투자는 기업의 성장과 연관하여 생각해야 한다. 기업이윤은 연구개발투자 자금을 제공하지만 연구개발투자 역시 기업이윤에 영향을 준다.

3. 환경규제강화와 기술혁신

환경규제 혹은 환경규제강화는 생산성, 국제무역, 투자 등에 영향을 미칠 수 있고(Gollop and Roberts, 1983; Barbera and McConnell, 1990; Berman and Bui, 1998; Sorsa, 1994; Tobey, 1990; Beers et al., 1997; Low and Yeats, 1992; Keller and Levinson, 1999) 이는 정태적인 관점이 아닌 동태적 (dynamic)인 관점에서 경제성장 변화와 연결될 수 있다. 요컨대 환경규제로 인한 사회적 비용변화는 종합적이고 장기적으로 나타날 수 있는데, 이들을 수량화하기 위해서는 일반 균형분석을 이용하는 것이 바람직하다. 이러한 이유는 환경규제로 인한 산업 간 상호작용에 대한 투자수준 변화의 영향을 누적적으로 살펴보아야 하기 때문이다.

Hazilla and Kopp(1990)는 미국의 대기질개선법안(clean air act)과 수질개선법안(clean water act)에 대한 비용분석에서 이러한 환경규제 법안이 노동투입과 투자에 영향을 줄 때 일반 균형적인 조정 과정을 고려했을 경우와 그렇지 않았을 경우의 사회적 비용을 비교하였다. 이들의 분석결과에 의하면 일반균형적인 조정 과정을 고려하는 경우 단기에 있어서는 사회적 비용이 오염방지비용보다 작게 추정이 되었지만 장기에 있어서는 투자와 노동의 감소로 사회적 비용이 더 크게 추정이 되었다.

Jorgenson and Wilcoxen(1990)은 기업부문을 35개 산업(정부기업 포함)으로 나누고 산업 간의 상호작용과 산업별로 서로 다른 환경규제를 고려한 일반균형모형을 사용하여 오염방지투자, 자동차배출량 규제 대응과 관련한 운영비용(operation cost)의 동태적 효과를 측정하였다. 이들의 연구결과에 의하면 환경규제의 효과는 산업 간에 크게 다르며 특히 화학, 석탄광업, 자동차, 정유, 1차 금속, 펄프 및 제지 등의 산업에서 환경규제의 영향이 크게 나타났다. 또한 이들의 분석에 따르면 환경규제로 인한 미국의 GNP 성장률 하락은 1974~1985년 기간 중 연평균 0.2%이며, 이러한 수치는 같은 기간 중의 GNP 성장률에 대한 총감소폭의 2.6%를 차지하는 것으로 밝히고 있다. 이러한 결과를 바탕으로 Jorgenson and Wilcoxen(1990)은 미국의 경제성장은 환경규제로 인해 커다란 영향을 받는다는 결론을 제시하였다.

이상의 논의는 환경규제가 비용을 상승시킨다는 전제를 바탕으로 하고 있다. 그러나 환경규제강화가 기업의 경쟁력을 촉진시킬 수 있다는 주장이 Porter(1991)를 중심으로 제기되었다. 이들은 환경규제강화는 기업으로 하여금 생산공정을 재검토하는 기회를 제공하고 이에 따라 기업은 오염저감, 비용감소 또는 산출량 증대를 위한 혁신적 방법을 발견하게 되어 환경규제강화가 기업의 경쟁력을 증대시킨다고 주장하였다. 또한 이들은 만일 이러한 현상이 사회 전반에 확산되고 기술혁신 효과가 충분히 크게 나타난다. 비용효율성 환경규제에 대한 총사회적 비용이 환경규제를 준수하기 위한 비용보다 작게 되고 환경질의 개선을 비용 없이 달성할 수 있고 주장하고 있다.

환경규제와 기술혁신에 대한 기존의 연구로는 대부분이 환경규제와 연구개발투자와의 관계를 이론적으로 규명하는 연구들로 대부분이 서로 다른 환경규제의 수단에서 환경규제를 준수하기 위한 비용 혹은 오염물질 배출감소를 위한 기업의 기술개발투자유인에 대한 연구들이다. 이에 대한 연구로는 Downing and White(1986), Marin(1991), Milliman and Prince(1989, 1992) 등이 있다.

이들 연구는 경제적 유인에 기초한 환경규제 수단이 지시 및 통제(command and control)에 의한 수단보다 연구개발투자에 대한 유인이 높다고 밝히고 있다. 한편 Malueg (1989)는 기업이 새로운 오염방지에 대한 기술개발을 전후로 하여 배출권거래제(emission trading programs) 시장에서 차지하는 위치 즉 수요자냐 공급자냐에 따라 배출권거래제가 지시 및 통제에 의한 수단보다 연구개발투자의 유인이 줄어들 수도 있고 증가할 수도 있음을 밝히고 있다.

그러나 이들 연구들은 잠재적으로 나타날 수 있는 시장실패(market failure) 문제를 간과하고 있다. 이에 대해 Parry(1995), Hackett (1995)는 연구개발투자에 참여하고 있는 기업들 간의 관계를 분석하고 이에 따라 나타날 수 있는 시장실패 문제를 동태적인 측 비용효율성에서 분석하였다.

또한 Parry (1998), Parry et al.(1999, 2000)은 서로 다른 환경규제의 수단에서 유인된 환경기술 개발을 위한 연구개발투자의 후생효과를 분석하였다. 이 밖에 Oates et al.(1993)은 환경규제강화로 인한 연구개발투자 유인과 기술파급 효과에 대한 분석을 완전경쟁시장의 기업을 대상으로 하였다. 이들에 의하면 완전경쟁시장에서 이윤극대화를 하는 기업은 환경규제가 강화됨에 따라 기업은 효율적인 오염저감시설을 개발하기 위한 유인이 증가함을 밝히고 있다.

한편 Porter 가설에 대한 이론적 연구로는 Xepapadeas and Zeeuw(1999)가 있다. 이들은 환경규제강화로 인한 자본량에 나타나는 효과를 총자본량이 줄어드는 규모축소 효과(downsizing effect)와 오염배출량을 감소시킬 수 있는 새로운 시설의 교체를 통해 나타나는 현대화 효과(modernization effect)로 구분하여 설명하였다.

이들의 연구에 의하면 환경규제강화의 효과로 생산성 효과(productivity effect)와 이윤 - 오염배출 효과(profit - emission effect)가 나타나는데 생산성 효과는 환경규제강화로 자본의 현대화 효과를 수반하는 기업의 규모축소로 생산성이 증가하는 것으로 나타나고 있다. 이윤 - 오염배출 효과는 환경규제의 강화로 이윤과 오염배출이 감소함을 보이고 있어, 환경규제강화로 자본량에 현대화 효과가 발생하여 새로운 기계(productive machine)와 오래된 기계(less productive machine)로 구성되어 있는 경우에 한계오염배출량 감소가 증가하고 한계이윤감소가 낮아지는 것으로 밝히고 있다.

즉 이들의 연구는 환경규제강화로 오염배출감소와 이윤감소라는 상반관계(trade - off)가 존재하여 이윤증가와 오염배출도 감소를 동시에 달성할 수 있다는 Porter 가설을 이론적으로 뒷받침한다고 볼 수 없다. 그러나 환경규제강화로 자본량에 규모축소 효과와 현대화 효과가 발생하는 경우에 한계오염배출량 감소가 증가하고 한계이윤감소가 낮아지게 되어 Porter 가설을 어느 정도 지지하는 것으로 밝히고 있다.

환경규제와 기술혁신에 대한 실증분석 연구는 이론분석 연구와 비교하여 많은 연구가 이루어지지 않았는데 비교적 최근의 연구는 Jaffe and Palmer(1997)가 있다. 이들은 1973~1991년 사이의 산업별 패널 자료를 이용하여 오염방지지출비용, 연구개발투자, 특허권 자료를 이용하여 환경규제와 기술혁신과의 관계를 분석하였다. 이들의 연구에 의하면 오염방지지출비용과 기술혁신의 투입물로 나타낼 수 있는 연구개발투자와는 정(+)의 관계가 있음을 밝힌 반면 기술혁신의 산출물로 나타낼 수 있는 특허권과는 아무런 연관관계를 찾지 못하고 있다.

4. 실증분석모형

본 연구에서 사용하고 있는 자료는 시계열 자료와 횡단면 자료를 결합한 패널 자료를 사용하고 있어 다음과 같은 방정식을 설정하였다.[100]

$$Y = \beta_{1i} + \beta_2 X_2 + \ldots\ldots + \beta_k X_{kit} + \varepsilon , \qquad\qquad (\text{IV}-1)$$
$$i = 1, \ldots, N$$
$$t = 1, \ldots, T$$
$$k = 1, \ldots, K$$

여기서 Y_{it}와 X_{it}는 각각 N개의 횡단면 자료와 T개의 시계열 자료가 결합된 종속변수와 독립변수를 나타내며, β_{1i}는 상수항 나타낸다. ε는 임의오차(random error)를 나타내며 평균이 0, 분산이 σ_ε^2을 갖는 정규분포를 가정한다.

횡단면 자료와 시계열 자료를 결합한 패널 자료를 이용하여 분석하는 것은 개별 횡단면 자료와 연도별 자료의 특성을 모두 고려하고, 각각의 효과를 분리하기 위해서이다. 패널 자료를 이용하여 식 (IV-1)을 추정하는 방법은 상수항 β_{1i}를 어떻게 가정하는가에 따라 달라진다.

만약 β_{1i}가 임의적인 확률변수라면 β_{1i}는 $\beta_{1i} = \overline{\beta_1} + u_i$로 다시 쓸 수 있다. 여기서 $\overline{\beta_1}$는 상수이고 u_i는 평균이 0, 분산이 σ_u^2이고 독립적인 정규분포를 갖는다고 가정한다.

이러한 가정하에서 식 (IV-1)을 일반화최소자승법(generalized least square, GLS)으로 추정하는 것을 임의효과모형(random effect model)이라고 한다. 이에 반해 β_{1i}가 고정된 계수라고 가정하면, 횡단면 자료의 특성을 더미변수로 처리하여 최소자승법으로 추정하게 되는데 이를 고정효과모형(fixed effect model)이라 한다.

---

100) Hsiao(1986) 참조.

본 연구의 목적은 환경규제강화와 기술혁신 간에는 어떠한 관계를 갖는가 하는 것을 밝히는 데 있다. 이에 대한 실증분석을 위해 환경규제강화로 인해 기술혁신의 투입물과 산출물에 어떠한 영향을 줄 수 있는가라는 좁은 의미에서의 Porter 가설을 검정하기 위한 모형을 설정하면 식 (Ⅳ-2), 식 (Ⅳ-3)과 같다.[101]

$$\ln Frd = \beta_1 + \beta_2 \ln Adv + \beta_3 \ln Grd + \beta_3 \ln R_{it-1} + \varepsilon \text{ ,}^{[102]} \qquad (\text{Ⅳ}-2)$$

여기서 *Frd*는 기업조달 연구개발투자, *Adv*는 부가가치, *Grd*는 정부조달 연구개발투자, *R*은 환경규제변수를 나타낸다.

$$\ln Dpr = \gamma_1 + \gamma_2 \ln Adv + \gamma_3 \ln Fpr + \gamma_3 \ln R_{it-1} + \varepsilon \text{ ,} \qquad (\text{Ⅳ}-3)$$

여기서 *Dpr*은 내국인의 특허출원, *Adv*는 부가가치, *Fpr*는 외국인의 국내 특허출원, *R*은 환경규제변수를 나타낸다.

식 (Ⅳ-2)는 기술혁신의 투입 측면에서 환경규제강화와 기술혁신과의 관계를 나타낸 것이다. 기술혁신의 투입을 나타내는 변수로는 연구개발투자를 이용하였다. *Adv*는 부가가치변수로 산업의 규모에 따라 발생할 수 있는 기업조달 연구개발투자와 환경규제변수[103]의 가성회귀(spurious correlation)

---

101) 실증분석모형은 Jaffe and Palmer(1997)의 모형을 이용하였다.

102) Jaffe and Palmer(1997)가 밝히고 있듯이 산업수준에서 이론적으로 만족하는 R&D 구조방정식(structural form equation)이나 행태방정식(reduced form equation)을 설정하는 것은 매우 어렵다. 이러한 이유로는 산업수준에서 R&D 수요와 공급곡선을 이동시키는 외생변수가 없기 때문이다. 특히 과학자와 개발설비(research equipment)의 실질비용이 시간에 따라 어떻게 변화하는가에 대한 자료가 없을 뿐만 아니라 R&D에 대한 수익은 내생적으로 결정되기 때문이다. 따라서 본 연구에서의 실증분석모형은 단순한 R&D 행태방정식을 나타낸다.

103) 본 연구에서 이용하는 환경규제변수는 오염방지시설 자본비용과 오염방지시설 투자액이다.

158

를 조정하기 위한 변수로 부가가치가 큰 산업은 그렇지 않은 산업과 비교하여 이윤이 더 크게 나타날 수 있기 때문에 기업조달 연구개발투자와는 양(+)의 관계가 예상된다.[104]

Grd는 산업별 정부조달 연구개발투자[105]로서 기업조달 R&D투자와 보완(complement) 관계를 나타낼 것으로 예상된다.[106] R은 환경규제를 나타내는 변수이고 오염방지시설 자본비용을 이용하고 있으며[107] 환경규제가 연구개발투자에 주는 영향은 시차가 존재할 것이라고 생각하여 전기(t-1)의 환경규제변수를 이용하였다.[108]

식 (Ⅳ-3)은 기술혁신의 산출 측면에서 환경규제강화와 기술혁신과의 관계를 나타낸 것이다. 기술혁신의 산출을 나타내는 변수로는 특허권을 이용하였으며 Dpr은 내국인의 특허출원 건수를 나타낸다. Adv는 부가가치변수로 식 (Ⅳ-2)에서의 같은 이유로 변수를 이용하고 있으며, 내

---

104) 실제 추정에 있어서는 부가가치 이외에 산업규모를 나타내는 변수로 생산액을 사용하여서도 추정하고 있다. 이러한 이유는 본 연구의 추정방정식이 단순한 행태방정식이기 때문에 여러 변수를 추가하여 추정하는 것이 적절하다고 판단되기 때문이다. 또한 산업규모가 크면 연구개발투자도 크게 나타나는데 강명헌(1993)에 의하면 우리나라의 경우 연구개발투자가 화학, 조립금속, 전기·전자, 운송장비 등 규모가 큰 산업에 집중되어 있음을 밝히고 있다.

105) 연구개발활동에 대한 유인은 산업 특성(industry characteristics)에 따라 다를 수 있다. 산업 특성을 설명하는 것으로 기술적 기회(technological opportunity), 전유성(appropriability) 등이 있는데 정부조달 연구개발투자는 기술적 기회를 외생적으로 설명해 줄 수 있는 변수이다. 즉 정부는 정부 자체의 연구개발, 기업연구개발에 대한 보조 내지 후원을 통해서 또는 기술확산을 촉진시켜 기술혁신의 비용을 줄이거나 연구개발의 방향에 대해 영향을 주고 있다. 또한 정부조달 연구개발투자는 산업별로 편차가 심하게 나타나는데 이러한 예로 특히 군수물자를 공급하는 산업과 같이 연구개발지원을 받는 주요 산업은 정부의 지원이 큰 것으로 알려져 있다. 연구개발투자 수익이 큰 산업이 그렇지 않은 산업에 비해 정부조달 연구개발투자가 유인되며, 정부조달 연구개발투자가 많은 산업에 기업조달 연구개발투자가 유인되는 경우가 많다(Levin and Reiss, 1984; Jaffe, 1988; Cohen, 1995 참조).

106) Levin and Reiss(1984), David *et al.*(1999)는 기업조달 연구개발투자와 정부조달 연구개발투자와는 보완관계가 있음을 밝히고 있다.

107) 실제 추정에 있어서는 환경규제변수로 오염방지투자액도 이용하였다.

108) 실제 추정에 있어서는 당해년도(t기)의 자료도 이용하여 추정하였다.

국인의 특허출원 건수와는 양(+)의 관계가 있을 것으로 예상된다.

Fpr은 산업별 외국인이 국내에 출원한 특허출원 건수를 나타낸다. Fpr을 독립변수로 이용한 이유는 특허를 결정하는 요인들은 산업별로 다르게 영향을 주는데 이러한 요인들이 Fpr에 비례적으로 영향을 준다고 가정하면, Fpr 변수는 산업별로 차이가 나는 특허 결정에 대한 관찰되지 않은 변수들을 조정해 줄 수 있기 때문이다. Fpr과 내국인의 특허출원 건수와는 양(+)의 관계가 있을 것으로 예상된다. 이러한 이유는 해당산업에서 외국인의 특허출원 건수가 많아질수록 해당산업에서의 특허권 보호를 위해 내국인의 특허권 출원이 증가할 것이기 때문이다.

본 연구에서는 식 (Ⅳ-2), (Ⅳ-3)를 추정하는데 다음과 같은 사항을 고려하여 추정하고 있다. 첫째, 전체기간(1983~1997년)과 두 기간(1983~1990년, 1991~1997년) 모두 추정하였는데 이것은 환경규제의 강화에 대한 영향을 살펴보기 위한 것이다.

둘째, 식 (Ⅳ-2)에서 연구개발투자에 대해 기술적 기회, 전유성이 연구개발투자에 영향을 주는데 만약 이러한 관찰되지 않는 변수를 고려하지 않고 추정하게 되면 관찰되지 않는 변수와 환경규제변수와 독립적이지 못하게 되어 추정치에 편의(bias)가 생길 수 있다. 본 연구에서는 패널 자료를 이용하여 고정효과모형과 임의효과모형으로 추정하고 있기 때문에 패널 자료 사용으로 인한 편의를 제거 하였다.

셋째, 연구개발투자에 대한 물가지수를 작성하기 어렵다는 것이다. 이러한 이유는 연구개발투자는 유형고정자산의 투자와는 성격이 다르기 때문에 적절한 물가지수 산정이 어렵기 때문이다. 따라서 본 연구에서는 명목변수, 실질변수 모두를 이용하여 추정하였다.

5. 실증분석 자료

본 연구에서 사용하는 자료는 한국표준산업분류 제조업 10개 산업의 횡단면 자료와 1983년도부터 1997년까지의 15년 동안의 시계열 자료를 결합한 패널 자료이다. 실증분석에 사용된 자료는 기업조달 연구개발투자액, 정부조달 연구개발투자액, 내국인 특허출원 건수, 외국인 특허출원 건수, 부가가치, 생산액, 오염방지시설 자본비용, 오염방지시설 투자액이다.

기업조달 연구개발투자와 정부조달 연구개발투자에 대한 자료는 과학기술부의 『과학기술연구개발활동조사보고』를 이용하였다. 『과학기술연구개발활동조사보고』의 연구개발투자는 명목 연구개발투자이기에 명목 연구개발투자를 불변가격(1990＝100) 기준의 실질화를 위해 김적교・조병택(1989)의 방법을 이용하였다. 『과학기술연구개발활동조사보고』의 연구개발투자 자료는 비목별로 경상비, 자본적 지출로 구분되고 경상비는 인건비, 기타 경상비로 자본적 지출은 기계, 장치와 토지, 건물로 세분화되어 있다.

본 연구에서는 비목별로 구분된 연구개발투자 자료를 이용하여 인건비, 기타 경비, 토지건물, 기계장비에 대한 비목별 환가지수(deflator)를 작성하였고, 이렇게 작성된 비목별 환가지수에 가중치를 부과하여 연구개발투자에 대한 환가지수를 추계하였다.

구체적인 방법은 다음과 같다. 인건비에 대한 환가지수를 작성하기 위해 소비자물가지수를 이용하였다. 기타 경비는 한국은행의 생산자물가지수의 총지수를 이용하였으며, 토지・건물, 기계장비에 대해서는 한국은행 『국민계정』의 자본재형태별 고정자본형성의 환가지수를 이용하였다. 이렇게 구한 인건비, 기타 경비, 토지・건물, 기계의 환가지수에 비목별로 전체 연구개발투자액에서 차지하는 비중을 가중치로 하여 연구개발 환가지수를 추계하였다.[109] 〈표 Ⅳ-1〉은 연구개발투자의 비목별 환가지수와

---

109) 연구개발투자 환가지수는 산업별로 동일하다고 가정한다.

전체 연구개발투자의 환가지수를 GDP 환가지수를 비교하여 제시하였다.

특허출원에 대한 산업별 자료는 특허청의 『특허청 연보』에 수록되어 있으나, 『특허청 연보』의 자료를 이용하는 경우 다음과 같은 문제점이 있다. 첫째, 『특허청 연보』에서 분류하고 있는 산업분류와 표준산업분류가 다르다는 점이다. 『특허청 연보』에서는 산업을 기계, 화학일반, 섬유, 전기통신, 토목건설, 채광금속, 음료위생, 사무용품·인쇄, 농림수산, 잡화, 기타로 구분하기 때문에 표준산업분류와는 많이 다르다. 이러한 이유로 본 연구에서는 표준산업분류와 어느 정도 일치하는 산업에 대한 자료만 이용하여 분석하고 있다. 일치하는 산업은 기계, 화학, 섬유, 전기 산업이다.110) 둘째, 『특허청 연보』에는 특허출원에 대한 자료가 국적의 구분 없이 수록되어 있다. 내국인과 외국인의 특허출원에 대한 자료는 특허청으로부터 직접 입수하여 이용하였다.

〈표 Ⅳ-1〉 R&D 환가지수

연 도	인건비	기타 경비	토지건물	기계장비	R&D 환가지수	GDP 환가지수
1983	22.0	21.4	5.6	9.1	58.1	64.7
1984	19.7	27.0	4.6	11.8	63.0	68.3
1985	20.3	22.9	5.3	14.9	63.4	71.4
1986	20.0	23.2	5.8	18.4	67.4	75.1
1987	17.3	23.2	4.5	24.8	69.7	79.4
1988	25.7	22.5	4.3	28.3	80.9	85.4
1989	27.1	24.4	7.0	27.9	86.3	90.3
1990	31.8	30.7	7.0	30.5	100.0	100.0
1991	35.7	36.1	7.7	32.4	111.8	110.8
1992	41.1	36.7	9.3	30.4	117.5	119.3
1993	38.8	38.8	11.6	33.9	123.0	127.7
1994	40.3	39.8	13.0	44.5	137.7	137.4
1995	46.0	46.3	13.7	45.1	151.1	147.3
1996	48.2	50.7	13.1	51.3	163.3	153.0
1997	52.3	58.5	9.2	46.6	166.6	157.9

주: 인건비, 기타 경비, 토지건물, 기계장비에 대한 환가지수는 가중치를 고려한 환가지수를 나타냄.

---

110) 특허통계를 이용하여 산업별 분석을 하는 경우 가장 큰 어려운 점은 특허분류 코드와 산업분류 코드를 일치시키는 일이다. 우리나라의 경우 이러한 작업이 이루어지지 않고 있다.

부가가치에 대한 자료는 『광공업통계조사』의 부가가치를 이용할 수 있다. 그러나 『광공업통계조사』의 부가가치는 생산성 분석에서 언급한 바와 같이 국민계정의 부가가치와는 산출방법의 차이로 일치하지 않는다.

따라서 『광공업통계조사』의 부가가치 자료를 이용하기에는 부적절하다고 생각되어, 『광공업통계조사』의 부가가치에 자영업주 및 무급가족종사자의 보수를 더한 것으로 부가가치를 정의하여 이용하였다. 명목부가가치를 불변가격기준(1990＝100)으로 실질화를 위해 윤창호·이종화(1998)의 방법을 이용하였다.[111]

생산액(명목, 실질), 오염방지시설 자본비용(명목, 실질), 오염방지시설 투자액(명목, 실질)에 대한 자료는 Ⅱ장에서 설명한 자료를 이용하였다. 〈표 Ⅳ-2〉와 〈표 Ⅳ-3〉은 실증분석에 사용된 주요변수의 기초통계량을 나타내고 있다.

〈표 Ⅳ-2〉 주요 사용변수들의 기초 통계량(명목변수)

변 수	관측치	평 균	표준오차.	최소값.	최대값
기업조달 R&D투자	150	11.390	1.469	8.252	14.941
정부조달 R&D투자	150	7.039	2.529	0	12.238
생산액	150	16.457	0.861	14.527	18.259
부가가치	150	15.543	0.887	13.670	17.567
오염방지자본비용(t기)	150	9.146	1.264	6.727	11.934
오염방지자본비용(t-1기)	140	9.070	1.237	6.727	11.702
오염방지투자(t기)	150	9.251	1.599	3.738	12.869
오염방지투자(t-1기)	140	9.190	1.598	3.738	12.869

주: 변수의 값들은 실제 추정에 투입된 자연로그 값임.

---

111) 총생산가격지수, 중간투입물 가격지수, 부가가치 가격지수를 각각 P_g , P_m , P_v 라고 할 때 가격지수 간의 관계를 Cobb-Douglas 함수형태로 가정하면 $P_g = P_m^{\alpha} P_v^{(1-\alpha)}$ 로 나타낼 수 있다. 여기서 α 는 총생산에서 투입된 중간투입물 비중을 나타낸다. P_g, P_m, α 가 주어지면 부가가치 가격지수는 $P_v = [P_g P_m^{-\alpha}]^{(1/1-\alpha)}$ 로 구할 수 있다(윤창호·이종화 1998, pp.32 인용).

⟨표 Ⅳ-3⟩ 주요 사용변수들의 기초 통계량(실질변수)

변 수	관측치	평 균	표준오차.	최소값.	최대값
기업조달 R&D투자	150	11.414	1.334	8.713	14.431
정부조달 R&D투자	150	7.022	2.299	0	11.748
생산액	150	16.443	0.785	14.700	17.942
부가가치	150	15.613	0.776	14.002	17.481
오염방지자본비용(t기)	150	9.216	1.182	6.945	11.674
오염방지자본비용(t-1기)	140	9.161	1.167	6.945	11.465
오염방지투자(t기)	150	9.316	1.442	4.189	12.637
오염방지투자(t-1기)	140	9.278	1.441	4.189	12.637

주: 변수의 값들은 실제 추정에 투입된 자연로그 값임.

6. 실증분석 결과

1) 연구개발투자의 추정결과

본 연구의 연구개발투자모형에서 기업조달 연구개발투자는 부가가치, 정부조달 연구개발투자, 환경규제변수의 함수로 설정하였다. 본 연구에서는 부가가치뿐만 아니라 생산액도 이용하였으며, 환경규제변수는 당해기간(t기)의 자료뿐만 아니라 전기(t-1기) 자료도 이용하여 추정하고 있다. 환경규제변수로는 오염방지시설 자본비용과 오염방지시설 투자액 모두를 이용하여 추정하였다.

또한 연구개발투자에 대한 물가지수는 정확하게 알려져 있지 않기 때문에 명목치와 실질치 모두를 이용하여 추정하고 있으며 환경규제의 강화에 대한 영향을 살펴보기 위해 기간을 두 기간으로 구분하여 추정하였

다. 이와 함께 본 연구에서 이용하는 자료는 패널 자료이기 때문에 실증
분석모형을 추정하는 데 있어 고정효과모형으로 추정할 것인지 임의효과
모형으로 추정해야 할 것인지 결정해야 한다. 일반적으로 고정효과모형
으로 추정하게 되면 추정량이 일치추정량(consistent estimator)을 만족하
나 추정해야 할 계수 추정치가 많아 자유도에 문제가 생겨 추정치의 효
율성(efficiency)에 문제가 발생할 수 있다.

이에 반해 임의효과모형으로 추정하면 추정해야 할 계수가 줄어들어
효율성을 개선할 수 있으나 독립변수 X_i가 u_i와 독립적이라는 가정하
에서 성립하는 것이므로 이러한 가정이 성립하지 않는다면 추정량은 일
치추정량의 성질을 만족하지 못한다.

고정효과모형으로 추정할 것인지 임의효과모형으로 추정할 것인지에 대
한 모형설정(model specification)에 대한 검정은 하우스만검정(Hausman's
test)으로 알려져 있다. 하우스만검정을 위해 고정효과모형과 임의효과모
형으로 각각 추정한 후 X_i와 u_i에 대한 상관관계를 검정하고 상관관계가
유의할 경우 고정효과모형을 사용하며, 유의하지 않을 경우 임의효과모형
을 사용하였다.

〈표 Ⅳ-4〉, 〈표 Ⅳ-5〉, 〈표 Ⅳ-6〉은 환경규제변수로 오염방지시
설 자본비용을 이용한 하우스만 검정결과를 제시하고 있다. 따라서 실증
분석모형의 추정결과를 제시한 〈표 Ⅳ-7〉, 〈표 Ⅳ-8〉, 〈표 Ⅳ-9〉에
서는 하우스만검정에 기초하여 귀무가설이 기각되면 고정효과모형을 채
택되면 임의효과모형으로 추정한 결과를 제시하였다.

〈표 Ⅳ-4〉 하우스만 검정결과(1983~1997년)

		$\chi^2(3)$ 검정통계량			
		명목변수 이용		실질변수 이용	
		부가가치	생산액	부가가치	생산액
오염 방지 자본 비용	t기 자료.	0*	0*	0*	0*
	t-1기 자료.	0*	0*	0*	0*

주: u_i가 독립변수와 독립적이라는 귀무가설을 *는 유의수준 1%, **는 5%, ***는 10% 수준에서 통계적으로 채택함을 의미함.

〈표 Ⅳ-5〉 하우스만 검정결과(1983~1990년)

		$\chi^2(3)$ 검정통계량			
		명목변수 이용		실질변수 이용	
		부가가치	생산액	부가가치	생산액
오염 방지 자본 비용	t기 자료	8.07	9.08	10.07	6.62
	t-1기 자료	1.88	2.08	2.71	1.26

주: u_i가 독립변수와 독립적이라는 귀무가설을 *는 유의수준 1%, **는 5%, ***는 10% 수준에서 통계적으로 채택함을 의미함.

〈표 Ⅳ-6〉 하우스만 검정결과(1991~1997년)

		$\chi^2(3)$ 검정통계량			
		명목변수 이용		실질변수 이용	
		부가가치	생산액	부가가치	생산액
오염 방지 자본 비용	t기 자료	0.01*	0.65	0.24***	0.68
	t-1기 자료	0.91	2.80	0.94	1.68

주: u_i가 독립변수와 독립적이라는 귀무가설을 *는 유의수준 1%, **는 5%, ***는 10% 수준에서 통계적으로 채택함을 의미함.

〈표 Ⅳ-7〉은 1983~1997년 기간에 대한 추정결과를 제시하고 있다. 〈표 Ⅳ-7〉에 제시하고 있는 바와 같이 자유도로 조정된 결정계수 $\overline{R}^2$는 0.37~0.53으로 추정되어 패널 자료를 이용함에도 불구하고 모형의 적합도 면에서 높게 추정되고 있다. 부가가치와 생산액 자료를 이용한 추정결과에서 몇몇 상수항을 제외하고는 모든 계수 추정치에서 통계적으로 의미가 있게 추정되었다.

부가가치와 생산액(β_2)에 대한 계수 추정치는 모두 통계적으로 유의하며 양(+)의 값을 나타내고 있어 부가가치가 클수록 혹은 생산규모가 클수록 연구개발투자에 대한 유인이 큰 것으로 나타났다. 즉 계수 추정치는 본 연구에서 예상한 부호와 일치한다.

정부조달 연구개발투자(β_3)에 대한 계수 추정치 역시 통계적으로 유의하며 양(+)의 값으로 추정이 되어 기업조달 연구개발투자와 정(+)의 관계가 있음을 알 수 있다. 이러한 추정결과는 기업조달 연구개발투자와 정부조달 연구개발투자와는 보완재 관계가 있다는 것을 의미하며, 본 연구에서 예상한 부호와 일치되게 추정되었다.

환경규제변수(β_4)의 계수 추정치는 명목변수, 실질변수, 부가가치, 생산액, 전기(t-1기) 자료, 당기(t기) 자료 모든 경우에 있어 통계적으로 유의하며 양(+)의 값으로 추정이 되고 있으며, 추정계수의 값이 0.2~0.24로 추정치의 변동이 거의 없는 것으로 나타나고 있다. 이것은 환경규제변수와 기업조달 연구개발투자 사이에 산업규모에 따라 생길 수 있는 가성회귀 문제가 해결되어 추정이 되고 있음을 나타내 준다.

또한 본 연구에서는 패널 자료를 이용하고 있어 횡단면의 특성 즉 산업 간(inter-industry) 특성을 고려하여 추정하였다. 따라서 독립변수의 계수 추정치는 산업 내(intra-industry) 변동에 따라 결정된다고 생각할 수 있어 계수 추정치가 양(+)으로 추정이 되었다는 것이 환경규제의 변화와 기업유인 연구개발투자의 변화가 시간의 변화에 따라 정(+)의 관계가 있는 것을 의미한다.

　이러한 관계는 〈그림 Ⅳ-2〉 ~ 〈그림 Ⅳ-5〉를 통해서 확인할 수 있다. 〈그림 Ⅳ-2〉, 〈그림 Ⅳ-3〉은 산업별 기업조달 연구개발투자 증가율과 오염방지시설 자본비용 증가율(t기)과의 관계를 나타낸 것으로 〈그림 Ⅳ-2〉은 전년대비 연평균 증가율을 나타내며 〈그림 Ⅳ-3〉은 1983~1997년 동안의 연평균 증가율을 나타내고 있다. 또한 〈그림 Ⅳ-4〉, 〈그림 Ⅳ-5〉는 산업별 기업조달 연구개발투자 증가율과 오염방지시설 자본비용 증가율(t-1기)의 관계를 나타낸 것으로 〈그림 Ⅳ-4〉는 전년대비 연평균 증가율을 나타내며 〈그림 Ⅳ-5〉는 1983~1997년 동안의 연평균 증가율을 나타내고 있다.

　〈그림 Ⅳ-2〉 ~ 〈그림 Ⅳ-5〉를 통해서 알 수 있는 바와 같이 기업조달 연구개발투자 증가율과 오염방지시설 자본증가율은 양(+)의 관계가 있음을 확인할 수 있다. 한편 산업별로는 조립금속, 운수장비, 전기·전자기기 제조업이 증가율이 높게 나타나고 있으며, 섬유·의복·가죽, 음·식료품, 비금속광물제품 제조업에서 증가율이 상대적으로 낮게 나타나고 있다. 이러한 결과들로부터 알 수 있는 사실은 기업유인 연구개발투자와 오염방지시설 자본비용과는 정(+)의 관계가 있다는 것이다.

〈표 Ⅳ-7〉 R&D 추정결과(1983~1997년)

| | 계수 추정치(부가가치 이용) | | | | | | | | | |
| | 계수(t-1기 자료이용) | | | | | 계수(t기 자료이용) | | | | |
	β_1	β_2	β_3	β_4	$\overline{R}^2$	β_1	β_2	β_3	β_4	$\overline{R}^2$
명목변수이용	0.28 (1.41)	0.55* (0.11)	0.74** (0.03)	0.22* (0.74)	0.50	-0.43 (1.35)	0.59* (0.11)	0.71** (0.03)	0.23* (0.71)	0.51
실질변수이용	4.63* (1.23)	0.27* (0.10)	0.06** (0.02)	0.20** (0.08)	0.39	4.34* (1.14)	0.27* (0.95)	0.07* (0.02)	0.24* (0.79)	0.37
	계수 추정치(생산액 이용)									
	계수(t-1기 자료이용)					계수(t기 자료이용)				
	β_1	β_2	β_3	β_4	$\overline{R}^2$	β_1	β_2	β_3	β_4	$\overline{R}^2$
명목변수이용	-1.62 (1.71)	0.65* (0.13)	0.07** (0.03)	0.20* (0.07)	0.53	-2.36** (1.60)	0.68* (0.12)	0.06** (0.02)	0.21** (0.07)	0.53
실질변수이용	3.45** (1.71)	0.34* (0.13)	0.05*** (0.03)	0.21** (0.08)	0.37	2.49 (1.59)	0.39* (0.03)	0.23** (0.08)	0.24* (0.79)	0.37

주: ( ) 내 숫자는 각 추정계수의 표준오차를 나타내고, *는 1%, **는 5%, ***는
10%에서 통계적으로 유의함을 의미함.

〈그림 Ⅳ-2〉 산업별 R&D 증가율과 오염방지시설 자본비용 증가율
       (t기)의 관계

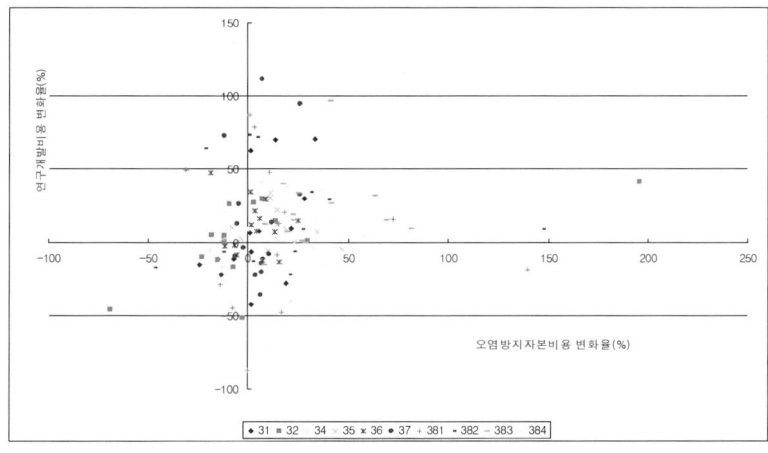

주: 전년대비 증가율을 나타냄.

〈그림 Ⅳ-3〉 산업별 R&D 증가율과 오염방지시설 자본비용
       증가율(t기)의 관계

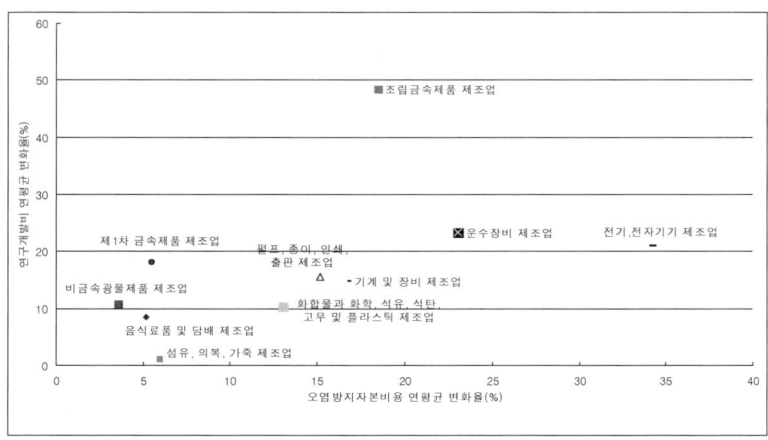

주: 1983~1997년 동안의 연평균 증가율을 나타냄.

〈그림 Ⅳ-4〉 산업별 R&D 증가율과 오염방지시설 자본비용
증가율(t-1기)의 관계

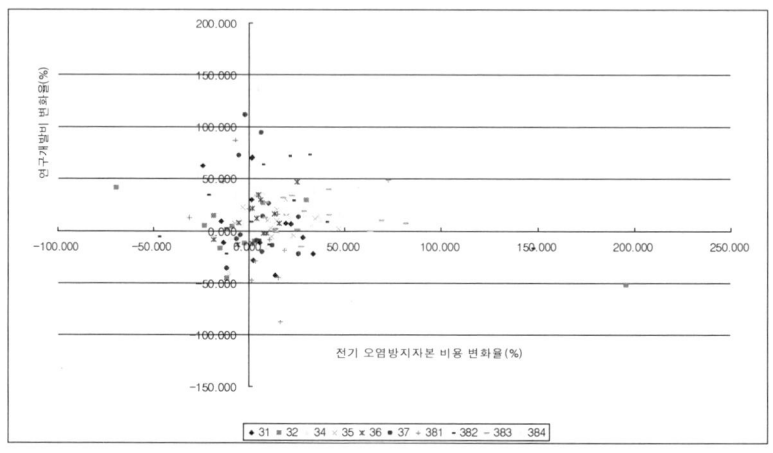

주: 전년대비 증가율을 나타냄.

〈그림 Ⅳ-5〉 산업별 R&D 증가율과 오염방지시설 자본비용
증가율(t-1기)의 관계

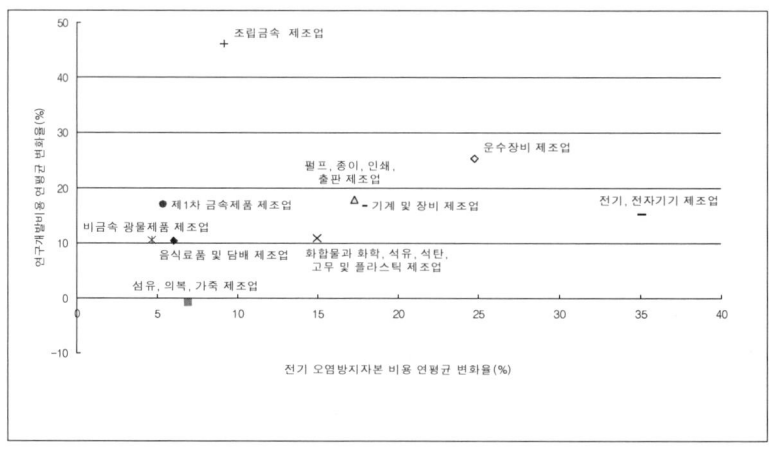

주: 1983~1997년 동안의 연평균 증가율을 나타냄.

환경규제강화와 기업조달 연구개발투자와의 관계를 살펴보기 위해 두 기간으로 나누어서 추정하고 있는데 이에 대한 추정결과는 〈표 Ⅳ-8〉과 〈표 Ⅳ-9〉에 제시하였다. 전체적으로 〈표 Ⅳ-8〉과 〈표 Ⅳ-9〉의 결과는 〈표 Ⅳ-7〉의 결과와 비교하여 볼 때 추정계수의 통계적 유의성이 낮게 추정이 되고 있음을 알 수 있다. 이러한 결과는 기간을 구분하여 추정하는 경우 이용할 수 있는 자료의 수가 상대적으로 작기 때문이라고 생각된다.

〈표 Ⅳ-8〉과 〈표 Ⅳ-9〉의 추정결과를 살펴보면 부가가치와 생산액(β_2)에 대한 추정치는 1983~1990년, 1991~1997년 기간에 모두 양(+)의 값으로 추정이 되고 있어 본 연구에서 예상하고 있는 부호의 방향과 일치하나, 1991~1997년 기간의 추정계수는 부가가치와 해당연도 자료를 이용하여 추정한 경우를 제외하고는 통계적으로 유의하지 않게 추정 되었다.

정부조달 연구개발투자(β_3)에 대한 계수 추정치 역시 1983~1990년, 1991~1997년 기간에 모두 양(+)의 값으로 추정이 되고 있어 본 연구에서 예상하고 있는 부호의 방향과 일치한다. 그러나 부가가치와 생산액(β_2)에 대한 추정치와 마찬가지로 추정치에 대한 통계적 유의성이 낮은 것으로 나타났다.

한편 환경규제변수(β_4)의 계수 추정치를 살펴보면 다음과 같다. 대체적으로 1983~1990년 기간과 비교하여 1991~1997년 기간의 추정치가 통계적 유의성을 가지며 양(+)의 값으로 추정이 되고 있어 환경규제가 상대적으로 강화된 1991~1997년 기간에 환경규제강화로 기업조달 연구개발투자가 증가했음을 알 수 있다.

특히 이러한 사실은 부가가치(명목변수), 전기변수를 이용하고 생산액(실질변수와 명목변수), 당기변수(t기)를 이용하여 추정한 결과를 기간별로 비교하면 알 수 있다. 즉 1983~1991년 기간에는 추정치의 계수값이 통계적으로 유의하지 않은 음(-)의 값으로 추정이 되었으나, 1991～ 1997년 기간의 추정치는 통계적으로 유의한 양(+)의 값으로 추정이 되고 있어 환경규제강화로 기업조달 연구개발투자가 증가했음을 알 수 있다.

한편 환경규제변수로 오염방지시설 투자에 대한 추정결과도 오염방지 시설 자본비용의 추정결과와 비슷하게 추정이 되고 있다. 이에 대한 추 정결과는 〈부표 Ⅳ - 1〉부터 〈부표 Ⅳ - 6〉에 제시하였다.

〈표 Ⅳ -8〉 R&D 추정결과(1983～1990년)

	계수 추정치(부가가치 이용)									
	계수(t -1기 자료이용)					계수(t기 자료이용)				
	β_1	β_2	β_3	β_4	$\overline{R}^2$	β_1	β_2	β_3	β_4	$\overline{R}^2$
명목 변수 이용	-3.56*** (1.81)	0.96* (0.14)	0.03 (0.02)	-0.002 (0.14)	0.48	-5.43* (1.54)	0.97* (0.13)	0.01 (0.02)	0.20*** (0.12)	0.32
실질 변수 이용	5.17* (1.82)	0.27** (0.12)	0.08* (0.02)	0.18 (0.14)	0.27	2.99*** (1.55)	0.26** (0.11)	0.07* (0.03)	0.46* (0.13)	0.10
	계수 추정치(생산액 이용)									
	계수(t -1기 자료이용)					계수(t기 자료이용)				
	β_1	β_2	β_3	β_4	$\overline{R}^2$	β_1	β_2	β_3	β_4	$\overline{R}^2$
명목 변수 이용	-6.34* (2.17)	1.10* (0.17)	0.03 (0.02)	-0.06 (0.14)	0.49	-7.63* (1.79)	1.07* (0.14)	0.01 (0.02)	0.17 (0.12)	0.34
실질 변수 이용	-0.14 (2.20)	0.74* (0.17)	0.04 (0.03)	-0.06 (0.14)	0.48	-2.31 (1.79)	0.74* (0.14)	0.02 (0.02)	0.19 (0.13)	0.25

주: ( ) 내 숫자는 각 추정계수의 표준오차를 나타내고, *는 1%, **는 5%, ***는 10%에서 통계 적으로 유의함을 의미함.

〈표 Ⅳ-9〉 R&D 추정결과(1991~1997년)

| | 계수 추정치(부가가치 이용) | | | | | | | | | |
| | 계수(t-1기 자료이용) | | | | | 계수(t기 자료이용) | | | | |
	β_1	β_2	β_3	β_4	$\overline{R}^2$	β_1	β_2	β_3	β_4	$\overline{R}^2$
명목변수이용	3.77 (4.12)	0.30 (0.33)	0.07 (0.07)	0.28*** (0.17)	0.60	1.34 (3.82)	0.40 (0.29)	0.25* (0.07)	0.20*** (0.12)	0.78
실질변수이용	6.26** (2.67)	0.16 (0.21)	0.05 (0.72)	0.24 (0.16)	0.56	1.25 (3.18)	0.41*** (3.18)	0.23* (0.08)	0.19 (0.13)	0.78

| | 계수 추정치(생산액 이용) | | | | | | | | | |
| | 계수(t-1기 자료이용) | | | | | 계수(t기 자료이용) | | | | |
	β_1	β_2	β_3	β_4	$\overline{R}^2$	β_1	β_2	β_3	β_4	$\overline{R}^2$
명목변수이용	3.54 (4.84)	0.30 (0.36)	0.07 (0.07)	0.30*** (0.17)	0.60	2.31 (4.71)	0.39 (0.37)	0.09 (0.08)	0.25 (0.17)	0.67
실질변수이용	5.95 (4.03)	0.17 (0.30)	0.06 (0.75)	0.25 (0.17)	0.53	6.26 (4.13)	0.15 (0.31)	0.07 (0.08)	0.25 (0.17)	0.58

주: ( ) 내 숫자는 각 추정계수의 표준오차를 나타내고, *는 1%, **는 5%, ***는 10%에서 통계
적으로 유의함을 의미함.

2) 특허권의 추정결과

기술혁신의 산출물로 특허권을 이용한 모형에서는 내국인의 특허출원,
부가가치(생산액), 외국인의 특허출원, 환경규제변수(t, t-1기)의 함수로
설정하여 자료의 부족으로 4개 산업만을 대상으로 추정한 결과를 〈표
Ⅳ-10〉에 제시하였다. 〈표 Ⅳ-10〉의 추정결과는 고정효과모형을 이용
한 추정하였다.

이러한 이유는 임의효과모형으로 추정한 결과 횡단면 특성을 나타내
는 u_i의 분산이 0으로 추정되어 임의효과모형으로 추정한 결과는 횡단

면 특성을 고려하지 못하는 것으로 나타나고 있다.112) 따라서 특허권을
이용한 추정은 고정효과모형을 이용한 추정결과이다.

〈표 Ⅳ-10〉에 제시하는 바와 같이 부가가치 및 생산액(γ_2)에 대한 추
정계수는 통계적으로 유의하며 양(+)의 값으로 추정되고 있어 본 연구
에서 예상한 부호와 일치한다.

그러나 외국인의 특허출원(γ_3)에 대한 추정치는 -0.08~1.32로 추정되
고 있으며 변수에 따라 통계적 유의성이 다르게 추정되어 내국인의 특허
출원을 보호하기 위한 대리변수로 적절하지 않은 것으로 나타나고 있다.
환경규제변수(γ_4)에 대한 추정계수는 -0.08~0.12로 추정되었으며, 통계
적 유의성이 모두 없는 것으로 나타났다.

이러한 환경규제변수에 대한 추정결과는 오염방지시설 자본비용이 내
국인 출원건수와는 관련성이 없다는 것을 나타낸다. 즉 환경규제로 인한
기술혁신의 산출물 지표로서 특허권과는 연관이 없다는 것을 의미한다.

그러나 본 연구의 추정결과로부터 환경규제와 기술혁신의 산출물 지
표와는 아무런 관련이 없다고 단정하여 결론을 내리는 것은 이르다. 이
러한 이유는 본 연구에서 이용하고 있는 특허권에 대한 자료는 단지 4개
의 산업에 대한 자료이고 앞에서 설명한 바와 같이 특허 분류코드와 산
업분류 코드를 일치시킨 자료가 없기 때문에 본 연구의 추정결과를 가지
고 결론을 단정 짓는 것은 무리라고 생각되기 때문이다.

---

112) $var(u_i)=0$이면 임의효과모형의 추정결과는 OLS(ordinary least square)의
    추정결과와 같다.

〈표 Ⅳ-10〉 특허권 추정결과(1983~1997년)

| | 계수 추정치(부가가치 이용) | | | | | | | | | |
| | 계수(t-1기 자료이용) | | | | | 계수(t기 자료이용) | | | | |
	γ_1	γ_2	γ_3	γ_4	$\overline{R}^2$	γ_1	γ_2	γ_3	γ_4	$\overline{R}^2$
명목 변수 이용	-15.67* (1.26)	1.42* (1.47)	0.01 (0.29)	0.03 (0.10)	0.43	-15.31* (1.09)	1.39* (0.15)	0.02 (0.25)	0.04 (0.09)	0.46
실질 변수 이용	-15.95* (1.89)	0.80* (0.20)	1.31* (0.41)	0.06 (0.17)	0.73	-13.84* (1.66)	0.63* (0.20)	1.32* (0.34)	0.12 (0.17)	0.72

| | 계수 추정치(생산액 이용) | | | | | | | | | |
| | 계수(t-1기 자료이용) | | | | | 계수(t기 자료이용) | | | | |
	γ_1	γ_2	γ_3	γ_4	$\overline{R}^2$	γ_1	γ_2	γ_3	γ_4	$\overline{R}^2$
명목 변수 이용	-20.43* (1.45)	1.66* (0.16)	-0.08 (0.28)	0.04 (0.09)	0.31	-19.46* (1.36)	1.58* (0.16)	0.07 (0.25)	0.07 (0.09)	0.34
실질 변수 이용	-24.02* (1.80)	1.84* (0.21)	0.07 (0.35)	-0.04 (0.12)	0.42	-22.79* (1.78)	1.77* (0.21)	0.04 (0.30)	-0.08 (0.12)	0.42

주: ( ) 내 숫자는 각 추정계수의 표준오차를 나타내고, *는 1%, **는 5%, ***는 10%에서 통계적으로 유의함을 의미함.

7. 요약 및 결론

본 연구에서는 제조업의 패널 자료를 이용하여 환경규제와 기술혁신의 관계를 고정효과모형과 임의효과모형을 이용하여 실증분석 하였다. 기술혁신을 나타내는 지표로 투입물 지표인 연구개발투자와 산출물 지표인 특허권을 이용하였으며, 환경규제를 나타내는 지표로 오염방지시설 자본비용과 오염방지시설 투자액을 이용하였다. 또한 R&D 투자에 대한 물가지수는 정확하게 알려져 있지 않기 때문에 명목변수와 실질변수 모두를 이용하였으며, 환경규제의 강화에 대항 영향을 살펴보기 위해 기간을 두 기간(1983~1990년, 1991~1997년)으로 나누어서 실증분석 하였다. 본 연구의 실증분석 결과를 요약하여 제시하면 다음과 같다.

첫째, 기업조달 연구개발투자를 결정하는 변수의 계수 추정치는 통계적으로 유의하며 양(+)부호로 추정되어 본 연구에서 예상한 부호와 일치하였다. 즉 부가가치와 생산액에 대한 계수 추정치는 모두 통계적으로 유의하며 양(+)의 값을 나타내고 있어 부가가치가 클수록 혹은 생산규모가 클수록 연구개발투자에 대한 유인이 큰 것으로 나타나고 있다.

또한 정부조달 연구개발투자에 대한 계수 추정치 역시 통계적으로 유의하며 양(+)의 값으로 추정이 되고 있어 기업조달 연구개발투자와 정(+)의 관계가 있음을 알 수 있었다. 이러한 사실은 기업조달 연구개발투자와 정부조달 연구개발투자와는 보완관계가 있다는 것을 나타낸다.

둘째, 환경규제변수의 계수 추정치는 명목변수, 실질변수, 부가가치, 생산액, 전기(t-1기) 자료, 당기(t기) 자료 모든 경우에 있어 통계적으로 유의하며 양(+)의 값으로 추정이 되었으며, 추정계수의 값이 0.2~0.24로 추정치의 변동이 거의 없는 것으로 나타나고 있다. 이러한 사실은 환경규제변수와 기업조달 연구개발투자 사이에 산업규모에 따라 생길 수 있는 가성회귀 문제가 해결되어 추정이 되고 있음을 나타낸다.

셋째, 본 연구에서는 패널 자료를 이용하고 있어 횡단면의 특성 즉 산업 간 특성을 고려하여 추정하였다. 따라서 독립변수의 계수 추정치는 산업 내 변동에 따라 결정된다고 생각할 수 있어 계수 추정치가 양(+)의 값으로 추정이 되었다는 것은 환경규제의 변화와 연구개발투자의 변화가 시간의 변화에 따라 정(+)의 관계가 있다는 것을 의미한다.

넷째, 환경규제와 기업유인 연구개발투자의 산업 내 변동을 살펴본 결

과 기업조달 연구개발투자 증가율과 오염방지시설 자본증가율은 양(+)
의 관계가 있음을 확인할 수 있었다. 또한 산업별로는 조립금속, 운수장
비, 전기·전자기기 제조업에서 증가율이 높게 나타나고 있으며, 섬유·
의복·가죽, 음·식료품, 비금속광물제품 제조업에서 증가율이 상대적으
로 낮게 나타나고 있었다. 따라서 기업유인 연구개발투자와 오염방지시
설 자본비용에는 정(+)의 관계가 있다는 것을 알 수 있다.

　다섯째, 환경규제강화와 기술혁신에 대한 연구를 위해 기간을 두 기간
으로 나누어서 추정한 결과 대체적으로 1983~1990년 기간과 비교하여
1991~1997년 기간의 추정치가 통계적 유의성을 가지며 양(+)의 값으로
추정되어 환경규제가 상대적으로 강화된 1991~1997년 기간에 환경규제
강화로 기업조달 연구개발투자가 증가했음을 알 수 있었다.

　특히 이러한 사실은 부가가치(명목변수), 전기변수를 이용하고 생산액
(실질변수와 명목변수), 당기변수(t기)를 이용하여 추정한 결과를 기간
별로 비교하면 알 수 있다. 즉 1983~1991년 기간에는 추정치의 계수값
이 통계적으로 유의하지 않은 음(-)의 값으로 추정 되었으나, 1991~
1997년 기간의 추정치는 통계적으로 유의한 양(+)의 값으로 추정이 되
어 환경규제강화로 기업조달 연구개발투자가 증가했음을 알 수 있었다.

　그러나 환경규제변수 이외의 독립변수의 계수 추정치는 본 연구에서
예상한 부호와 일치하게 추정이 되고 있으나 대부분 통계적으로 의미가
없게 추정이 되고 있다. 이러한 추정결과는 기간을 두 기간으로 구분함
에 따라 자료의 부족으로 통계적으로 유의성이 낮게 추정이 되는 것으로
생각할 수 있다.

　여섯째, 기술혁신의 산출물로 특허권을 이용한 모형에서의 추정계수의
추정치가 통계적으로 유의하지 않게 추정이 되고 있어 환경규제와 기술혁
신의 산출물 지표로서 특허권과는 연관이 없다는 것으로 나타나고 있다.

　그러나 본 연구에서 이용하고 있는 특허권에 대한 자료는 단지 4개의

산업에 대한 자료이고 특허 분류코드와 산업분류 코드를 일치시킨 자료가 없기 때문에 본 연구의 추정결과로부터 환경규제와 기술혁신의 산출물 지표와는 아무런 관련이 없다고 결론을 내리는 것은 무리라고 생각된다.

일곱째, 본 연구에서 환경규제가 기술혁신의 투입물 지표인 연구개발투자를 증가시키는 것으로 추정이 되고 있다. 환경규제로 인한 연구개발투자가 기업의 생산성과 효율성을 증가시키는가에 대해서 본 연구결과로부터 알 수 없다. 그러나 일반적으로 연구개발투자는 생산성을 증가시키며 연구개발투자의 사회적 수익률(social rate of return)이 사적 수익률(private rate of return)보다 큰 것으로 알려져 있다.[113] 이러한 측면에서 생각할 때 환경규제와 연구개발투자가 정(+)의 관계가 있다는 것은 정책적으로 여러 가지 측면에서 시사하는 점이 크다고 볼 수 있다.

---

113) Griliches and Mairesse(1984), Jaffe(1986), Griliches(1991).

V. 결 론

본 연구의 목적은 환경규제강화가 경쟁력에 긍정적인 영향을 줄 수 있는가 하는 것을 실증분석 하는 데 있다. 이러한 실증분석을 위해 환경규제강화와 생산성, 효율성, 기술혁신 간의 관계에 대해서 제조업을 대상으로 살펴보았다.

첫째, 환경규제의 생산성 효과에 대한 분석은 직접효과와 간접효과로 나누어서 분석하였다. 직접효과는 환경규제를 준수하기 위한 기업의 오염방지시설 설치가 생산성에 주는 영향을 나타내는 것으로 오염방지시설의 비용이 증가함에 따라 생산성이 감소하게 되고 오염방지시설의 비용이 감소함에 따라 증가하게 된다. 간접효과는 기업이 환경규제에 준수하기 위해 오염방지시설을 도입하는 경우 생산적 투입요소의 수요와 투입요소의 결합에 영향을 주게 되어 생산성의 변화를 가져오는데 생산성이 향상될 수도 있고 생산성이 감소할 수도 있다.

실증분석 결과 산업별로 차이는 있지만 대부분 산업에서 환경규제로 생산성이 감소하는 것으로 나타나고 있으며, 직접효과보다 간접효과에 의해 생산성이 감소하는 것으로 나타났다. 그러나 환경규제의 영향을 기간별로 나누어서 살펴본 결과 1990년대에 환경규제로 인한 총요소생산성에 미치는 긍정적인 효과가 확대되고 있음을 알 수 있었다. 특히 이러한 효과가 환경규제의 간접효과에서 유도되고 있다는 것은 환경규제가 강화되어 기업들이 생산요소를 효율적으로 이용하여 생산성 감소가 축소되는 것으로 해석할 수 있다.

또한 1990년대 상반기와 하반기를 비교하여 환경규제의 전체효과를 산업별로 살펴볼 때, 1990년 상반기와 비교하여 1990년대 하반기에 환경규제강화로 총요소생산성이 하락하는 산업은 음·식료품 및 담배, 조립금속제품, 운수장비 산업이며, 그 밖의 산업은 모두 환경규제강화가 총요소생산성 하락을 축소시키는 것으로 나타났다. 특히 모든 산업에서 제시된 1990년대 상반기와 하반기의 차이는 간접효과에 기인함을 알 수 있었다

둘째, 환경규제강화와 효율성에 대한 분석으로 효율성은 산출물을 생산하는 과정에서 투입물의 사용이나 결합이 얼마나 효과적으로 이루어지는 하는 것을 나타내는 개념으로 환경규제강화가 투입물 간의 결합이나 투입물의 효과적 이용에 어떠한 영향을 주고 있는가를 분석하였다.

환경규제강화와 효율성 추정결과 환경규제로 인해 대부분 산업에서 효율성이 감소하는 것으로 추정이 되었으나, 오염방지시설 투자가 생산규모에서 차지하는 비중이 작기 때문에 환경규제가 있는 경우와 없는 경우를 비교해 볼 때 효율성 차이는 크게 나타나지 않는 것으로 추정되었다.

또한 환경규제 혹은 환경규제강화에 대한 영향이 산업별로 차이를 나타내지만, 전반적으로 환경규제로 효율성이 감소하는 것으로 추정이 되고 있다. 그러나 화학·석유·석탄·고무·플라스틱제품, 조립금속제품 등의 제조업은 환경규제강화로 효율성이 증가하는 것으로 추정이 되었다.

셋째, 환경규제강화와 기술혁신에 대한 분석으로 기술혁신을 나타내는 투입물 지표로 연구개발투자를 산출물 지표로 특허권을 이용하여 환경규제강화와 기술혁신에 대한 실증분석을 하였다. 실증분석 결과 기업유인 연구개발투자와 오염방지시설 자본비용에는 정(+)의 관계가 있다는 것을 알 수 있어 환경규제가 기술혁신을 유도하는 것으로 추정되었다.

또한 환경규제강화와 기술혁신에 대한 연구를 위해 기간을 두 기간으로 나누어서 추정한 결과 1983~1990년 기간과 비교하여 1991~1997년 기간의 추정치가 통계적 유의성을 가지며 양(+)의 값으로 추정이 되고 있어 환경규제가 상대적으로 강화된 1991~1997년 기간에 환경규제강화로 기업조달 연구개발투자가 증가했음을 알 수 있었다.

그러나 환경규제변수 이외의 독립변수의 계수 추정치는 본 연구에서

예상한 부호와 일치하게 추정이 되고 있으나, 대부분 통계적으로 의미가 없게 추정이 되었다. 이러한 추정결과는 기간을 두 기간으로 구분함에 따라 자료의 부족으로 통계적으로 유의성이 낮게 추정이 되는 것으로 생각할 수 있었다.

한편 기술혁신의 산출물로 특허권을 이용한 모형에서는 추정계수의 추정치가 통계적으로 유의하지 않게 추정이 되어 환경규제와 기술혁신의 산출물 지표로서 특허권과는 연관이 없다는 것으로 나타나고 있다.

그러나 특허권에 대한 자료는 단지 4개의 산업에 대한 자료이고 특허 분류코드와 산업분류 코드를 일치시킨 자료가 없기 때문에 이러한 추정 결과로부터 환경규제와 기술혁신의 산출물 지표와는 아무런 관련이 없다고 결론을 내리는 것은 무리라고 생각할 수 있다.

이와 같은 환경규제와 생산성, 효율성, 기술혁신에 대한 실증분석 결과로부터 다음과 같은 정책적 시사점을 추론할 수 있다. 첫째, 환경규제강화에 대한 생산성, 효율성 실증분석 결과에서 나타난 바와 같이 환경규제강화로 생산성, 효율성에 부정적인 영향이 줄어드는 산업들이 있음을 알 수 있었다.

이러한 사실은 환경규제강화가 생산공정에 기술혁신을 유도하여 생산성, 효율성에 긍정적인 영향을 줄 수 있어 경쟁력을 제고시킬 수 있음을 의미한다. 이러한 사실은 환경규제를 담당하는 당국자와 환경규제를 준수하는 주체 모두 환경규제를 단순히 규제를 위한 환경규제 차원이 아닌 즉 '오염자는 환경비용을 부담한다(polluter pays principle)'라는 인식에서 '오염방지는 보상받는다(pollution prevention pays)'라는 인식의 전환이 필요하다고 생각할 수 있다.

둘째, 환경규제와 기술혁신의 투입물 지표인 연구개발투자는 정(+)의 관계가 있음을 밝히고 있다. 일반적으로 연구개발투자는 생산성을 증가시키며 연구개발투자의 사회적 수익률이 사적 수익률보다 큰 것으로 알려져 있다.

이러한 측면에서 생각할 때 환경규제와 연구개발투자가 정(+)의 관계가 있다는 것은 정책적으로 여러 가지 측면에서 시사하는 점이 크다고 볼 수 있다. 즉 환경규제 정책의 결정은 기술혁신을 유도할 수 있는 정책을 고려하는 것이 필요하다고 생각할 수 있다.

셋째, 본 연구의 실증분석 결과에서 알 수 있는 바와 같이 환경규제의 생산성, 효율성에 대한 영향은 산업별로 다르게 나타나고 있다. 즉 환경규제의 영향은 산업별 특성에 따라 다르게 나타날 수 있어, 환경규제 당국은 환경정책을 결정함에 따라 산업별 다양성(industrial diversity)을 고려해야 한다고 생각할 수 있다.

끝으로 본 연구의 한계점은 다음과 같다. 첫째, 자료이용과 분석대상에 있어서의 문제이다. 생산성, 효율성 분석에서 이용하고 있는 환경규제변수는 오염방지시설 자본비용으로서 오염방지시설 운영비용을 포함하고 있지 않다. 자료이용의 한계로 인해서 환경규제의 생산성, 효율성 효과가 과소 추정될 수 있는 문제점을 가지고 있다.

한편 총연구개발투자액 중에서 환경규제로 인한 연구개발투자액을 산출하여 실증분석 하는 것이 좀 더 의미 있는 연구라고 생각할 수 있다.[114] 이러한 문제와 연계하여 환경규제로 인한 연구개발에 대한 수행자와 사용자가 다를 수 있다.

요컨대 오염방지를 위한 시설을 개발하는 환경산업 업체의 연구성과를 이용하는 경우 오염을 배출하는 산업은 오염방지를 위한 자체적인 연구개발을 하기보다 환경산업 업체의 연구 성과를 이용해야 할 것이다. 이러한 문제를 해결하기 위한 연구를 수행하기 위해서는 환경산업에 대

---

114) 그러나 현실적으로 이에 대한 자료는 집계되어 있지 않아 자료를 이용하여 실증분석 하는 데 한계가 있다. 또한 기업의 총연구개발투자액 중에 환경규제로 인한 연구개발투자액을 독립적인 항목으로 분리하여 추계하는 데는 어려운 점이 있다.

한 연구와 어느 한 산업 또는 기업들을 대상으로 사례분석을 하는 것이 필요하다. 이에 따라 환경산업에 대한 체계적인 분석이 필요하다.

이와 함께 기술혁신에 대한 분석에서는 특허권에 대한 코드별 분류와 산업별 분류를 일치시켜 놓은 자료가 없어 이에 대한 작업이 필요하다고 생각할 수 있다.

또한 본 연구에서는 산업별 자료를 이용하여 분석하고 있다. 그런데 환경규제의 생산성, 효율성, 기술혁신에 대한 분석을 위해서는 산업을 대상으로 분석대상으로 하기보다 특정 산업을 선택하여 공장수준(plant level) 혹은 기업수준에서 환경규제로 인한 비용을 수집하여 분석하는 것이 좀 더 정확한 분석이 될 수 있다.

둘째, 생산성, 효율성 분석에서 환경규제로 인한 산출물을 포함하여 분석하고 있지 않다. 즉 환경규제의 비용만을 포함하여 분석하고 있으며 환경규제로 인한 편익(오염의 감소 등)을 포함하여 분석하고 있지 않다. 환경규제의 영향에 대한 정확한 분석을 위해서 환경규제의 산출물을 포함하여 분석해야 한다.

그러나 환경규제의 변화에 대해 편익이 비선형 관계이고, 환경규제로 인한 오염감소가 특정 오염원에 대해서만 발생하는 것이 아니라 모든 오염원에 걸쳐서 나타난다면[115] 산업수준에서 분석하는 것은 상당히 어려운 과제이다. 이러한 문제는 산업수준에서 분석하기보다 앞에서 언급한 바와 같이 공장수준에서 분석하는 것이 바람직하다고 생각할 수 있다.

셋째, 환경규제와 기술혁신에 대한 연구에서 환경규제로 유도된 기술개발투자와 생산성, 효율성과의 관계를 분석하지 못하고 있다. 이들에 대한 연구는 추후 과제로 남긴다.

---

115) 오염감소가 모든 오염원에 걸쳐 나타난다면 오염배출량의 추정이 어렵기 때문이다.

참고문헌

〈국내문헌〉

강광하, 『산업연관분석론』, 서울, 연암사, 2000.

강명헌, "경제력 집중과 기술혁신", 『경제학연구』, 41(3), 1993, pp.3 - 25.

건설교통부, 『건설교통통계연보, 2000』, 건설교통부, 2000.

경제기획원, 『광공업통계조사보고서』, 경제기획원, 1982, 1984 - 1987.

_____ 『산업센서스보고서』, 경제기획원, 1983, 1988.

_____ 『한국표준산업분류』, 경제기획원, 1984.

과학기술처, 『과학기술연구개발활동조사』, 과학기술처, 1984 - 1985.

_____ 『과학기술연구개발활동조사보고서』, 과학기술처, 1986 - 1991.

_____ 『과학기술연구개발활동조사보고』, 과학기술처, 1992 - 1998.

곽승영, 『한국 제조업부문 생산성의 성장기여도 및 결정요인 분석』, 연구총
　　　서 제11호, 산업연구원, 1997.

곽승준, "직접규방식의 합리화 방안", 환경경제연구, 7(1), 1998, pp.133 - 157.

곽승준·장태구·허세림·조승국, 『오염배출권거래제』, 자유기업센타, 1998.

김광석·박승록, 『우리나라 제조업의 생산성 변화와 그 요인의 분석』, 산업
　　　연구원, 1988.

김광석·홍성덕, 『제조업의 총요소생산성 동향과 그 결정요인』, 연구보고서
　　　92 - 06, 한국개발연구원, 1992.

김동석, "환경규제와 국제경쟁력", 『KDI 정책연구』, 19(4), 1998, pp.98 - 158.

김상호, "한국제조업의 기술적 비효율성과 그 결정요인: 패널 자료를 사용한 확률적 변경모형의 적용", 『국제경제연구』, 7(2), 2001, pp.199 - 219.

김적교·조병택, 『연구개발과 시장구조 및 생산성』, 연구보고서 89 - 02, 한국개발연구원, 1989.

김재원, 『중소기업과 대기업의 총요소생산성 비교: 제조업 1970 - 1979』, 연구보고서 84 - 06, 한국개발연구원, 1984.

노동부, 『노동통연감』, 노동부, 1993 - 1997.

_____ 『직종별 임금실태조사 보고서』, 노동부, 1983 - 1992.

노상환, "환경 관련 경제적 유인제도의 합리화 방안", 환경경제연구, 7(1), 1998, pp.159 - 182.

문희화·조병택·황인호·김형범, 『한국의 총요소생산성: 제조업 27산업을 중심으로』, 한국생산성본부, 1991.

백웅기·이태열, "우리나라 제조업의 총요소생산성과 변동요인 분석: 제조업 구조 양극화 문제해결을 위한 접근", 『계량경제학보』, 8, 1997, pp.59 - 91.

유상희, 『국제환경규제와 산업경쟁력』, 연구보고서 제397호, 산업연구원, 1997.

윤창호·이영수·김방룡·고용호·신성문, "한국통신의 생산성과 결정요인에 관한 연구", 『계량경제학보』, 8, 1997, pp.27 - 58.

윤창호·이종화, 『한국제조업의 기술력과 무역경쟁력에 관한 연구』, 정책연구 98 - 11, 과학기술정책관리연구소, 1998.

윤창호·이영수·김이영, "정보기술(IT)의 발전과 산업구조의 변화: 한국 제조업을 중심으로", 계량경제학보, 11(3), 2000, pp.35 - 70.

이공래, 『한국 산업의 기술 경쟁력』, 정책연구 97 - 07, 과학기술정책관리연구소, 1997.

이명헌, "한국 제조업에서의 환경규제와 생산성 감소", 『자원경제학회지』, 제5권, 제2호, 1996, pp.279－290.

_____ "한국 제조업에 대한 환경규제의 파급효과 분석: 생산성 및 요소 수요를 중심으로", 『경제학연구』, 45(33), 1997, pp.255－287.

이영수, "우리나라 은행산업의 효율성 추정과 변동요인 분석", 『금융연구』, 3(2), 1993, pp.157－190.

이영수·정용관, "한국 은행산업의 비용효율성과 금융구조 조정", 『계간 KDIC 금융연구』, 예금보험공사, 1(3), 2000, pp.23－57.

장정운, 『2000 세법학』, 제5판, 서울, 웅지경영아카데미, 2000.

최기홍, "경제학적 지수이론에 의한 디비지어적분지수의 재해석", 『계량경제학보』, 15(1), 2001, pp.85－104.

통계청, 『한국표준산업분류』, 통계청, 1992.

_____ 『광공업통계조사보고서』, 통계청, 1989－1992, 1994－1997.

_____ 『산업총조사보고서』, 통계청, 1993, 1998.

표학길·공병호·권호영·김은자, 『한국의 산업별 성장요인분석 및 생산성 추계: 1970～1990』, 연구조사 자료, 한국경제연구원, 1993.

한국산업은행, 『설비투자계획조사』, 한국산업은행, 1982－1998.

_____ 『한국의 설비투자』, 한국산업은행, 1995.

한국은행, 『국민계정』, 한국은행, 1983－1998.

_____ 『산업연관분석 해설』, 한국은행, 1987.

_____ 『산업연관표』, 한국은행, 1983, 1985－1988, 1990, 1993, 1995, 1998.

_____ "1996년 중 환경오염방지지출 현황과 시사점", 조사통계월
보, 9월호, 한국은행, 1997.

_____ "1998년 중 환경오염방지지출 현황과 시사점", 조사통계월
보, 11월호, 한국은행, 1999.

_____ "1999년 중 환경오염방지지출 현황과 시사점", 조사통계월
보, 11월호, 한국은행, 2000.

_____ "2000년 중 환경오염방지지출 현황과 시사점", 조사통계월
보, 11월호, 한국은행, 2001.

_____ "우리나라 자본스톡 시산: 1977~1997년", 『계간국민계정』,
제3호, 한국은행, 2000, pp.77-118.

한광호·김상호, "기업의 규모와 생산의 기술적 효율성: 한국제조업의 확률
적 변경함수에 의한 추정", 『국제경제연구』, 2(2), 1996, pp.111-131.

_____ "한국제조업의 생산요소 수요구조: 생산기술, 요소의 수요탄
력성 및 대체탄력성 측정", 『경제학연구』, 44(3), 1997, pp.137-163.

현진권·표학길, "유형고정자산 폐기율 및 경제적 감가상각률 추정: 자본
스톡 접근과 미시적 접근의 비교", 『한국경제의 분석』, 3(1), 1997,
pp.154-193.

홍성덕·김정호, 『제조업 총요소생산성의 장기적 변화: 1967-93』, 연구보
고서 96-04, 한국개발연구원, 1996.

환경부, 『환경백서』, 환경부, 1991, 1997, 1998, 1999.

〈국외문헌〉

Aigner, D.; Lovell, Knox C. A. and Schmidt, P. "Formulation and Estimation
of Stochastic Frontier Production Function Models", *Journal of Eco-*

nometrics, 6, 1977, pp.21 – 37.

Barberra, Anthony J. and McConnell, Virgina D. "The Impact of Environ-
mental Regulations on Industry Productivity: Direct and Indirect
Effects", *Journal of Environmental Economics and Management*,
1990, 18(1), pp.50 – 65.

Barten, A. P. "Maximum Likelihood Estimation of a Complete System of
Demand Equations", *European Economic Review*, 1, 1969, pp.7 – 73.

Bartick, T. J. "The Effects of Environmental Regulation on Business
Location in the United States", *Growth and Change*, 19, 1988,
pp.22 – 44.

Bauer, Paul W.: Berger Allen N. and Humphrey, David B. "Efficiency
and Productivity Growth in U.S. Banking", in *The Measurement
of Productive Efficiency*, Eds.: Fried, Harold O.: Lovell, C. A. K.
and Schmidt, Shelton S. Oxford, Oxford University Press, 1993,
pp.386 – 413.

Beers, C van.: Jeroen, C. J. M. and Berghvan, van den. "An Empirical
Multi – Country Analysis of the Impact of Environmental Regulations
on Foreign Trade Flows", *Kyklos*, 50(1), pp. 29 – 46.

Berman, Eli. and Bui, Linda T. M. "Environmental Regulation and
Productivity: Evidence from Oil Refineries", Working Paper 6776,
NBER, 1998.

Berger, A. N. and Humphrey D. B. "Measurement and Efficiency Issues
in Commercial Banking", in *Measurement Issues in Service Sector*,
Ed.: Griliches, Zvi. Chicago, IL., University of Chicago Press,
1992, pp.245 – 300.

Boyd, Calc A. and McClelland John D. "The Impact of Environmental Constraints on Productivity Improvement in Integrated Paper Plants", *Journal of Environmental Economics and Management*, 38, 1999, pp.121 – 142.

Binswagner, Hans P. "A Cost Approach to the Measurement of Elasticities of Factor Demand and Elasticity of Substitution", *American Journal of Agricultural Economics*, 56, 1974, pp.377 – 386.

Coelli, T.; Prasada, Rao D.S. and Battes, George E. *An Introduction to Efficiency and Productivity Analysis*. Boston, Kluwer Academic Publishers, 1998.

Cohen, Wesley. "Empirical Studies of Innovative Activity", in *Handbook of the Economics of Innovation and Technological Change*. Ed.: Stoneman, Paul, Oxford, Blackwell Publishers, 1995, pp.182 – 264.

Charnes, A.; Copper, W. W., and Rhodes, E. "Measuring the Efficiency of Decision Making Units", *European Journal of Operational Research*, 2, 1978, pp.429 – 444.

Christensen, L. R. and Green, W. H. "Economics of Scale in U.S. Electric Power Generation", *Journal of Political Economy*, 84(4), 1976, pp.654 – 676.

Cornwell, C.; Schmidt, P. and Sickles, R. C. "Production Frontiers with Cross – Sectional and Time Series – Variation in Efficiency Levels", *Journal of Econometrics*, 46, 1990, pp.185 – 200.

Cowing, Thomas G. and Stevenson, Rodney E. "Introduction: Productivity and Regulated Industries", in *Productivity Measurement in Regulated Industries*. Eds.: Cowing, Thomas G. and Stevenson, Rodney E., London, Academic Press, 1981, pp.3 – 14.

Cropper, Maureen L. and Oates, Wallace E. "Environmental Economics: A Survey", *Journal of Economic Literature*, June 1992, 30(2), pp.675 – 740.

David, Paul A.; Hall, Bronwyn, H. and Toole Andrew A. "Is Public R&D a Complement or Substitute for Private R&D?: A Review of Econometric Evidence", Department of Economic Working Paper, Stanford University, 1999.

Denison, E. "Pollution Abatement Programs: Estimates of Their Effects upon Output per Unit of Input, 1975 – 1978", *Survey of Current Business*, 59, 1979, pp.58 – 59.

Denny, Michael.; Fuss, Melvyn. and Waverman, Leonard. "The Measurement and Interpretation of Total Productivity in Regulated Industries, with an Application to Canadian Telecommunication", in *Productivity Measurement in Regulated Industries*. Eds.: Cowing, Thomas G. and Stevenson, Rodney E. London, Academic Press, 1981, pp.179 – 218

Diewert, W. E. "Exact and Superlative Index Numbers", *Journal of Econometrics*, 4, 1976, pp.115 – 145.

Fare, R.; Grosskopf, S. and Lovell, C. A. K. *The measurement of Efficiency of Production*. Boston, Kluwer Academic Press, 1985.

_____ *Production Frontiers*, Cambridge, Cambridge University Press, 1994.

Fischer, Carolyn.; Parry, Ian W. H. and Pizer, William A. "Instrument Choice for Environmental Protection When Technological Innovation is Endogenous", Discussion Paper 99 – 04, Resources for the Future, 1999.

Freeman, C. *The Economics of Industrial Innovation.* Harmondsworth, 1974

Gollop, Frank M. and Roberts, Mark J. "Environmental Regulations and Productivity Growth: The Case of Fossil-fueled Electric Power Generation", *Journal of Political Economy,* 91, 1983, pp.654-674.

Good, David H.; Nadiri, Ishaq M. and Sickles Robin C. "Index Number and Factor Demand Approaches to the Estimation of Productivity", in *Handbook of Applied Econometrics Vol II: Microeconomics.* Eds.: Pesaran, M. Hashem and Schmidt, P. Blackwell Publisher, 1997, pp.14-80.

Gray, Wayne B. "The Cost of Regulation: OSHA, EPA and the Productivity Slowdown", *American Economic Review,* 77(5), 1987, pp.998-1006.

Gray, Wayne B. and Shadbegian, Ronald J. "Environmental Regulation, Investment Timing, and Technology Choice", Working Paper 6036, Cambridge, MA: NBER, 1997.

Greene, William H. "On the Estimation of a Flexible Frontier Production Model", *Journal of Econometrics,* 13(1), 1980, pp.101-105

_____ "A Gamma-distributed Stochastic Frontier Model", *Journal of Econometrics,* 46, 1990, pp.141-164.

_____ "The Econometric Approach to Efficiency Analysis", in *The Measurement of Productive Efficiency.* Eds.: Fried, Harold O.; Lovell C. A. K. and Schmidt, Shelton S. Oxford, Oxford University Press, 1993, pp.68-119.

_____ "Frontier Production Function", in *Handbook of Applied Econometrics Vol II: Microeconomics.* Eds.: Pesaran, M. Hashem and

Schmidt, P. Blackwell Publisher, 1997, pp.14 – 80.

_____ *Econometric Analysis*, 4th ed., Upper Saddle River, NJ: Prentice Hall, 2000.

Griliches, Zvi. "The Search for R&D Spillovers", *Scandinavian Journal of Economics*, 94, 1991, pp.29 – 47.

Griliches, Zvi. and Mairesse, J. "Productivity and R&D at the Firm Level", in *R&D, Patents, and Productivity*, Ed. Griliches, Zvi. Chicago, The University of Chicago Press, 1984. pp.339 – 374.

Grossman, G. M. and Krueger, A. B. "Environmental Impacts of a North American Free Trade Agreement", in *The Mexico – US Free Trade Agreement*, Ed. Garber, P. M. Cambridge, MIT Press, 1993, pp.13 – 56.

Hay, Donald A. and Morris, Derek J. *Industrial Economics and Organization: Theory and Evidence* 1st ed., Oxford, Oxford University Press, 1991.

Hazilla, M. and Kopp, R. "Social Cost of Environmental Quality Regulations: A General Equilibrium Analysis", 98(4), *Journal of Political Economy*, 98(4), 1990, pp.853 – 873.

Hettige, H.; Lucas, R. E. B. and Wheeler, D. "The Toxic Interests, and International Trade Policy", *American Economic Review*, 82, 1992, pp.478 – 481.

Hsiao, Cheng. *Analysis of Panel Data*, Cambridge, Cambridge University Press, 1986.

Hulten, Charles R. "Divisia Index Numbers", *Econometrica*, 41(6), 1973, pp.1017 – 1025.

Jaffe, Adam B. "Technological Opportunity and Spillovers of R&D:

Evidence from Firm's Patents, Profits and Market Value", *American Economy Review*, 76, 1986, pp.984 – 1001.

_____ "Damand and Supply Influences in R&D Intensity and Productivity Growth", *Review of Economics and Statistics*, 70(3), 1988, pp.431 – 437.

Jaffe, Adam B.; Peterson, Steaven R. and Portney, Paul R.; Stavin, Robert N. "Environmental Regulation and the Competitiveness of U.S. Manufacturing: What Does the Evidence Tell Us?", *Journal of Economic Literature*, 33(2), 1995, pp.132 – 163.

Jaffe, Adam B. and Palmer, Karen, "Environmental Regulation and Innovation: A Panel Data Study", *Review of Economics and Statistics*, 1997, pp.610 – 619.

Jorgenson, D. and Wilcoxen, P. "Environmental Regulation and U.S. Economic Growth", *Rand Journal of Economics*, 21(2), 1990, pp.314 – 340.

Kalirajan, Kali P. and Shand, Ric. "Stochastic Frontier Productions and Technical Efficiency Measurements: A Review", in *Productivity and Growth in Chinese Agriculture*. Eds.: Kalirajan, Kali P. and Wu, Yanrui. London, Macmillan Press, 1999, pp.8 – 28.

Keller, Wolfgang. and Levison, Arik. "Environmental Compliance Costs and Foreign Direct Investment Inflows to U.S. States", Working Paper 7369, NBER, 1999.

Kmenta, J. and Gilbert, R. F. "Small Sample Properties of Alternative Estimators of Seemingly Unrelated Regressions", *Journal of American Statistical Association*, 63, 1968, pp.1180 – 1200.

Kmenta, J. *Elements of Econometrics*, 2nd ed., Macmillan Press, 1986.

Krugman, Paul. "Competitiveness: A Dangerous Obsession", *Foreign Affairs*, 73 (2), 1994, pp.28−44.

Kumbhakar, Subal C. "Production Frontiers, Panels Data, and Time Varying Technical Inefficiency", *Journal of Econometrics*, 46, 1990, pp.201−211.

_____ "Modeling Allocative Inefficiency in a Translog Cost Function and Cost Share Equation", *Journal of Econometrics*, 76, 1997, pp.351−356.

Kumbhakar, Subal C.; Lozano−Vivas Ana. and Lovell, C. A. K.; Hasan, Iftekhar. "The Effects of Deregulation on the Performance of Financial Institutions: The Case of Spanish Savings Banks", forthcoming in *Journal of Money, Credit and Banking*, 1999.

Kumbhakar, Subal C. and Lovell C. A. K. *Stochastic Frontier Analysis*, Cambridge, Cambridge University Press, 2000.

Leamer, Eward E. *Sources of Comparative Advantage: Theory and Evidence*, Cambridge, Mass., MIT Press, 1984.

Leonard, H.J. *Pollution and the Struggle for the World Product: Multinational Corporations, Environment and International Comparative Advantage*, Cambridge, Cambridge University Press, 1988.

Levin, Richard C., Reiss, Peter C. "Tests of a Shumpeterian Model of R&D and Market Structure", in *R&D, Patents, and Productivity*, Ed. Griliches, Zvi. Chicago, The University of Chicago Press, 1984. pp.175−208.

Lovell, Knox C. A. "Production and Productivity Efficiency", in *The Measurement of Productive Efficiency*. Eds.: Fried, Harold O.;

Lovell, C. A. K. and Schmidt, Shelton S. Oxford, Oxford University Press, 1993, pp.3 – 67.

Low, P. and Yeats, A. "Do Dirty Industries Migrate?", in *International Trade and the Environment*, Ed: Low, P. World Bank Discussion Paper No.159, World Bank, 1992, pp.89 – 103.

Malueg, David A. "Emission Credit Trading and the Incentive to Adopt New Pollution Abatement Technology", *Journal of Economics and Management*, 17, 1989, pp.247 – 265.

Mansfield, E. "R&D and Innovation: Some Empirical Findings", in *R&D, Patents, and Productivity*. Ed.: Griliches, Zvi. Chicago, University of Chicago Press, 1984, pp.127 – 154.

Marin, A. "Firm Incentives to Promote Technological Change in Pollution Control: Comment", *Journal of Economics and Management*, 21, 1991, pp.297 – 300.

McGuire, Marine C. "Regulation, Factor Rewards, and International Trade", *Journal of Public Economics*, 17(3), 1982, pp.335 – 354.

Meeusen, W. and van den Broeck. "Efficiency Estimation from Cobb Douglas Production with Composed Error", *International Economic Review*, 18, 1977, pp.435 – 444.

Milliman, Scott R. and Raymond, P. "Firm Incentives to Promote Technological Change in Pollution Control", *Journal of Economics and Management*, 17, 1989, pp.247 – 265.

_____ "Firm Incentives to Promote Technological Change in Pollution Control: Reply", *Journal of Economics and Management*, 22, 1992, pp.292 – 296.

Norsworthy, J. R. and Malmquist, David H. "Input Measurement and Productivity Growth in Japanese and U.S. Manufacturing", *American Economic Review*, 73(75), 1983, pp.947 – 967.

Nadiri, Ishaq M. "Some Approach to the Theory and Measurement of Total Factor Productivity: A Survey", *Journal of Economic Literature*, 8, 1970, pp.1135 – 1177.

Oates, W. E.; Palmer, K. and Portney, P. R. "Environmental Regulation and International Competitiveness: Thinking about the Porter Hypothesis", Discussion Paper 94 – 02, Resources for the Future, 1993.

OECD. *Technology and Economy: The Key Relationships*, Paris, OECD, 1992.

_____ *Summary Report of the Workshop on Environmental Policies and Industrial Policies and Industrial Competitiveness*, OCDE/GE(93)83, OECD, 1993.

_____ *Regulation and Industrial Competitiveness: A Perspective for Regulatory Reform*, OCDE/GD(97)133, OECD, 1997

Palmer, K.; Oates, W. E. and Portney, P. R. "Tightening Environmental Standards: The Benefit – Cost or the No – Cost Paradigm?", *Journal of Economic Perspective*, 9(4), 1995, pp.119 – 132.

Parry, Ian W. H. "The Choice between Emission Taxes and Tradable Permits When Technological Innovation is Endogenous", Discussion Paper 96 – 31, Resources for the Future, 1996.

_____ "Pollution Regulation and the Efficiency Gains from Technological Innovation", Discussion Paper 98 – 04, Resources for the Future, 1998.

Parry, Ian W.H.: Fischer, Carolyn and Pizer, W. A. "How Important is Technological Innovation in Protecting the Environment?", Discussion Paper 00 – 15, Resources for the Future, 2000.

Pavitt, Keith. and Paripatel. "The International Distribution and Determinants of Technological Activities", *Oxford Review of Economic Policy*, 4(4), 1988, pp.35 – 55.

Porter, Michael E. *The Competitive Advantage of Nations*, New York, The Free Press, 1990.

_____ "America's Green Strategy", *Scientific American*, Apr. 1991, p.168.

Porter, Michael E. and Claas van der Linde. "Toward a New Conception of the Environment – Competitiveness Relationship", *Journal of Economic Perspective*, 9(4), 1995, pp.97 – 118.

Rausher, Michael. *International Trade, Factor Movements, and the Environment*, Oxford, Oxford University Press, 1997.

Repetto, Robert. "Environmental Productivity and Why It Is So Important", *Challenge*, 33(5), 1990, pp.33 – 38.

Robison, H. D. "Industrial Pollution Abatement: The Impact on the Balance of Trade", *Canadian Journal of Economics*, 30, 1988, pp.187 – 199.

Rosenberg, N. *Inside the Black Box: Technology and Economics*, Cambridge, Cambridge University Press, 1984.

Rowland, C. K. and Feiock, R. "Environmental Regulation and Economic Development: The Movement of Chemical Production among States", in *Public Policy and Economic Institutions*, Eds: Dubnick, M. J. and Gitelson, A. R. Greenwich, JAI Press, 1991, pp.205 – 218.

Schmidt, P. and Sickles, R. C. "Production Frontiers and Panel Data",

Journal of Business and Economic Statistics, 2, 1984, pp.367 – 374.

Siegel, D.; Waldman, D. and Link, A. "Assessing the Impact of Organization Practices on the Productivity of University Technology Transfer Offices: An Exploratory Study", Working Paper No.7256. Cambridge, MA: NBER, 1999.

Sorsa, P. *Competitiveness and Environmental Standards: Some Exploratory Results*, World Bank Policy Research Working Paper 1249, World Bank, 1994.

Stevenson, R. E. "Likelihood Function for Generalized Stochastic Frontier Estimation", *Journal of Econometrics*, 13, 1980, pp.57 – 66.

Stewart, Richard B. "Environmental Regulation and International Competitiveness", *Yale Law Journal*, 102, 1993, pp.2039 – 2106.

Stoneman, P. "Introduction", in *Handbook of the Economics of Innovation and Technological Change*. Ed.: Stoneman, P. Oxford, Blackwell Publishers, 1995, pp.1 – 13.

Symeonidis, G. "Innovation, Firm Size and Market Structure: Schumpeterian Hypotheses and Some New Themes", Economics Department Working Papers No.161, Paris, OECD, 1996.

Tobey, J.A. "The Effects of Domestic Environmental Policies on Patterns of World Trade: An Empirical Test", *Kyklos*, 43, 1990, pp.191 – 209.

Walter, I. "The Pollution Content of America", *Western Economic Journal*, 11, 1973, pp.61 – 70.

―――― "Environmentally Induced Industrial Relocation to Developing Countries", in *Environment and Trade: The Relation of International*

Trade and Environment Policy. Eds.: Rubin, S. J. and Graham, T. R. Totowa, Allanheld & Osmun, pp.67 – 101.

Walter, I. and Ugelow, J. L. "Environmenal Policies in Developing Countries", *Ambio*, 8, 1979, pp.102 – 109.

Xepapadeas, Anastasios. and Zeeuw, Aart de. "Environmental Policy and Competitiveness: The Porter Hypothesis and the Composition of Capital", *Journal of Environmental Economics and Management*, 37, 1999, pp.165 – 182.

Yuhn, Ky – Hyang. "Input Measurement and Productivity Growth in Japanese and U.S. Manufacturing: Comment", *American Economic Review*, 81(4), pp.1013 – 1014.

부 록

〈부표 Ⅱ-1〉 오염방지시설 자본량 증가율

(단위: %)

구 분	31	32	34	35	36	37	381	382	383	384
1984	−0.846	−2.989	−5.751	−4.861	−0.893	−9.555	−6.016	−2.950	25.927	4.835
1985	−2.420	−5.485	−1.253	5.945	6.700	−6.269	−7.847	−6.769	21.028	0.306
1986	−2.578	−3.539	−0.137	−0.738	−4.106	−6.463	−2.559	6.291	41.286	29.538
1987	0.934	−4.912	12.508	−1.569	−1.058	−5.394	2.078	9.224	42.075	1.324
1988	3.865	−0.175	0.081	4.886	−0.957	−5.134	−0.969	10.422	1.875	43.018
1989	3.238	−2.690	5.908	20.204	1.268	−1.652	2.531	1.684	35.187	30.790
1990	2.685	0.153	7.936	31.063	9.523	15.579	14.806	38.635	42.407	8.208
1991	14.185	−0.989	27.389	20.787	5.614	19.231	8.408	31.752	33.807	25.471
1992	10.621	−5.054	42.208	29.637	7.714	8.090	5.386	12.178	9.716	23.954
1993	12.102	−5.679	24.588	5.380	9.515	−2.047	−0.389	−2.408	14.112	41.838
1994	11.538	−5.757	16.166	11.777	33.329	8.609	11.897	10.753	54.633	43.222
1995	5.752	5.258	27.318	12.086	2.314	21.112	−0.930	12.705	40.939	17.889
1996	1.868	−8.493	−1.160	36.708	9.558	18.371	9.550	10.988	64.415	6.194
1997	0.756	−7.991	−2.074	3.540	−6.132	−4.618	63.125	4.966	24.541	−4.379
평 균	4.407	−3.453	10.980	12.489	5.171	3.561	7.076	9.819	32.282	19.443

〈부표 Ⅲ-1〉비용함수 추정결과

계 수	추정치	표준오차	계 수	추정치	표준오차
β_0	22.015**	10.680	γ_{MM}	-0.057^*	0.011
β_K	0.166*	0.057	γ_{TT}	0.001	0.002
β_L	0.401*	0.087	γ_{KT}	0.006*	0.001
β_M	0.432*	0.095	γ_{LT}	0.007*	0.001
β_Q	-1.413	1.379	γ_{MT}	-0.012^*	0.001
β_T	0.336***	0.185	γ_{QT}	-0.018	0.012
γ_{KK}	0.083*	0.006	γ_{QQ}	0.130	0.089
γ_{KL}	-0.048^*	0.006	γ_{KQ}	-0.015^*	0.003
γ_{KM}	-0.036^*	0.006	γ_{LQ}	-0.039^*	0.004
γ_{LL}	-0.045^*	0.011	γ_{MQ}	0.054*	0.005
γ_{LM}	0.093*	0.009			
$\overline{R}^2$	C	0.991			
	S_K	0.522			
	S_L	0.646			

주: *는 1% 유의수준, **는 5% 유의수준, ***는 10% 유의수준에서 통계적으로 유의
   함을 나타냄.

〈부표 Ⅳ-1〉하우스만 검정결과(1983~1997년)

		$\chi^2(3)$ 검정통계량			
		명목변수 이용		실질변수 이용	
		부가가치기준	생산액기준	부가가치기준	생산액기준
환경 규제 변수	t기 자료	0*	0*	0*	0*
	t-1기 자료	0*	0*	0*	0*

주: u_i가 독립변수와 독립적이라는 귀무가설을 *는 유의수준 1%, **는 5%, ***는
   10% 수준에서 통계적으로 채택함을 의미함.

〈부표 Ⅳ-2〉 하우스만 검정결과(1983~1990년)

		$\chi^2(3)$ 검정통계량			
		명목변수 이용		실질변수 이용	
		부가가치기준	생산액기준	부가가치기준	생산액기준
환경 규제 변수	t기 자료	0*	0*	0*	0*
	t-1기 자료	0*	0*	0*	0*

주: u_i가 독립변수와 독립적이라는 귀무가설을 *는 유의수준 1%, **는 5%, ***는
10% 수준에서 통계적으로 채택함을 의미함.

〈부표 Ⅳ-3〉 하우스만 검정결과(1991~1997년)

		$\chi^2(3)$ 검정통계량			
		명목변수 이용		실질변수 이용	
		부가가치기준	생산액기준	부가가치기준	생산액기준
환경 규제 변수	t기 자료	391.84	208.23	0*	0*
	t-1기 자료	42.96	49.57	0*	0*

주: u_i가 독립변수와 독립적이라는 귀무가설을 *는 유의수준 1%, **는 5%, ***는
10% 수준에서 통계적으로 채택함을 의미함.

〈부표 Ⅳ-4〉 R&D 추정결과(1983~1997)

	계수 추정치(부가가치 이용)									
	계수(t-1기 자료이용)					계수(t기 자료이용)				
	β_1	β_2	β_3	β_4	$\overline{R}^2$	β_1	β_2	β_3	β_4	$\overline{R}^2$
명목 변수 이용	1.47 (1.56)	0.51* (0.12)	0.06** (0.03)	0.16* (0.05)	0.54	0.86 (1.51)	0.54* (0.12)	0.08* (0.03)	0.15* (0.04)	0.56
실질 변수 이용	5.60* (1.34)	0.26* (0.10)	0.05** (0.02)	0.13** (0.05)	0.44	5.33* (1.23)	0.26* (0.09)	0.07* (0.02)	0.15* (0.04)	0.46
	계수 추정치(생산액 이용)									
	계수(t-1기 자료이용)					계수(t기 자료이용)				
	β_1	β_2	β_3	β_4	$\overline{R}^2$	β_1	β_2	β_3	β_4	$\overline{R}^2$
명목 변수 이용	-0.54 (1.85)	0.61* (0.13)	0.06** (0.03)	0.15* (0.05)	0.56	-1.18 (1.73)	0.64* (0.12)	0.07** (0.02)	0.15** (0.04)	0.58
실질 변수 이용	4.62* (1.91)	0.31** (0.14)	0.04** (0.03)	0.14** (0.05)	0.43	3.67 (1.78)	0.36* (0.05)	0.05 (0.03)	0.14* (0.05)	0.45

주: ( ) 내 숫자는 각 추정계수의 표준오차를 나타내고, *는 1%, **는 5%, ***는 10%에서 통계적으로 유의함을 의미함.

⟨부표 Ⅳ-5⟩ R&D 추정결과(1983-1990년)

	계수 추정치(부가가치 이용)									
	계수(t-1기 자료이용)					계수(t기 자료이용)				
	β_1	β_2	β_3	β_4	$\overline{R}^2$	β_1	β_2	β_3	β_4	$\overline{R}^2$
명목 변수 이용	1.67 (2.12)	0.77* (0.16)	0.04*** (0.26)	0.08 (0.59)	0.47	-3.57 (2.29)	0.91* (0.13)	0.42 (0.27)	0.63 (0.63)	0.46
실질 변수 이용	6.94* (1.76)	0.16 (0.13)	0.75* (0.25)	0.16* (0.05)	0.40	6.46 (1.66)	0.16 (0.12)	0.09* (0.02)	0.18* (0.05)	0.40
	계수 추정치(생산액 이용)									
	계수(t-1기 자료이용)					계수(t기 자료이용)				
	β_1	β_2	β_3	β_4	$\overline{R}^2$	β_1	β_2	β_3	β_4	$\overline{R}^2$
명목 변수 이용	-3.80 (2.51)	0.86* (0.17)	0.04 (0.02)	0.08 (0.05)	0.46	-5.35** (2.45)	0.96* (0.18)	0.04 (0.02)	0.07 (0.05)	0.44
실질 변수 이용	1.81 (2.57)	0.52* (0.18)	0.04 (0.26)	0.09 (0.06)	0.41	-1.26 (2.49)	0.73* (0.18)	0.03 (0.02)	0.04 (0.06)	0.39

주: ( ) 내 숫자는 각 추정계수의 표준오차를 나타내고, *는 1%, **는 5%, ***는
10%에서 통계적으로 유의함을 의미함.

〈부표 Ⅳ-6〉 R&D 추정결과(1991-1997년)

	계수 추정치(부가가치 이용)									
	계수(t-1기 자료이용)					계수(t기 자료이용)				
	β_1	β_2	β_3	β_4	$\overline{R}^2$	β_1	β_2	β_3	β_4	$\overline{R}^2$
명목변수이용	-0.42 (3.45)	0.51 (0.25)	0.24 (0.07)	0.19*** (0.09)	0.79	-0.27 (3.23)	0.66** (0.23)	0.10 (0.07)	0.07 (0.08)	0.74
실질변수이용	0.07 (3.12)	0.47** (0.22)	0.24 (0.08)	0.19** (0.09)	0.79	-0.24 (3.08)	0.45** (0.22)	0.28* (0.07)	0.22* (0.08)	0.81
	계수 추정치(생산액 이용)									
	계수(t-1기 자료이용)					계수(t기 자료이용)				
	β_1	β_2	β_3	β_4	$\overline{R}^2$	β_1	β_2	β_3	β_4	$\overline{R}^2$
명목변수이용	-2.33 (3.79)	0.63** (0.26)	0.21* (0.07)	0.17*** (0.93)	0.79	-1.51 (3.71)	0.70* (0.25)	0.09 (0.07)	0.07 (0.08)	0.75
실질변수이용	-1.76 (3.98)	0.58** (0.27)	0.20** (0.81)	0.17 (0.09)	0.78	-1.70 (3.93)	0.54** (0.27)	0.25* (0.08)	0.20** (0.08)	0.81

주: ( ) 내 숫자는 각 추정계수의 표준오차를 나타내고, *는 1%, **는 5%, ***는 10%에서 통계적으로 유의함을 의미함.

· 저자 ·

조주현　　· 약 력 ·
(曺周鉉)
　　　　　고려대학교 정경대학 경제학과 졸업
　　　　　고려대학교 일반대학원 경제학 석사
　　　　　고려대학교 일반대학원 경제학 박사

　　　　　고려대학교 BK21 한국경제 교육연구단 박사후 연수 연구원(Post. Doc.)
　　　　　한국부동산연구원 책임연구원
　　　　　한국산업기술대학교 지식기반기술 에너지 대학원 겸임교수
　　　　　한국토지공사 국토도시연구원 책임연구원

　　　· 주요논저 ·

　　　　　「환경재화의 가치평가」
　　　　　「통합오염원단위 지수를 이용한 환경성과 측정」
　　　　　「Knowledge Spillover and Export Performance in the ICT Industry
　　　　　　among the OECD Countries」
　　　　　「개성공단 활성화를 위한 산업 클러스터 전략의 모색」
　　　　　「금융마크업률과 경제성장」
　　　　　「환경규제강화와 생산성 분석: 간접효과와 직접효과를 중심으로」
　　　　　「정보화투자의 가치평가 모형에 관한 연구」
　　　　　「환경경규제강화와 기술혁신: 한국 제조업을 중심으로」
　　　　　「정보통신기기 제조업자의 제품표준 적합성 자체선언(SDoC)의
　　　　　　경제적 파급효과 분석」
　　　　　「환경규제강화와 효율성 분석: 한국 제조업을 중심으로」
　　　　　「컴퓨터 부문에서의 품질조정 가격지수」
　　　　　「ICT산업의 품질조정과 물가파급효과 분석」
　　　　　「정보통신기기에 대한 자체선언(SDoC)의 경제적 파급효과 분석」
　　　　　「품질조정을 고려한 헤도닉 물가지수의 산정: PC를 중심으로」
　　　　　「부동산시장동향 분석 및 전망을 위한 기초연구」
　　　　　「국가 R&D 대한 예비타당성 조사제도 도입방안」
　　　　　「정보화의 정성적 가치평가 방법론 고찰」
　　　　　외 다수

본 도서는 한국학술정보(주)와 저작자 간에 전송권 및 출판권 계약이 체결된 도서로서, 당사
와의 계약에 의해 이 도서를 구매한 도서관은 대학(동일 캠퍼스) 내에서 정당한 이용권자(재
적학생 및 교직원)에게 전송할 수 있는 권리를 보유하게 됩니다. 그러나 다른 지역으로의 전
송과 정당한 이용권자 이외의 이용은 금지되어 있습니다.

환경규제강화와 경쟁력

• 초판 인쇄	2006년 4월 15일
• 초판 발행	2006년 4월 15일
• 지 은 이	조주현
• 펴 낸 이	채종준
• 펴 낸 곳	한국학술정보㈜
	경기도 파주시 교하읍 문발리 526-2
	파주출판문화정보산업단지
	전화 031) 908-3181(대표) · 팩스 031) 908-3189
	홈페이지 http://www.kstudy.com
	e-mail(e-Book사업부) ebook@kstudy.com
• 등 록	제일산-115호(2000. 6. 19)
• 가 격	14,000원

ISBN 89-534-4908-1 93320 (Paper Book)
      89-534-4909-X 98320 (e-Book)